中國現代文學名家傳記叢書

姚峰 邢超 徐國源 著

低吟淺唱的歌者——卞之琳

欒梅健 張堂錡 策劃

文史哲出版社印行

國家圖書館出版品預行編目資料

低吟淺唱的歌者：卞之琳 / 姚峰, 邢超, 徐國源著.--初版. --臺北市 : 文史哲, 民92
面: 公分.--(中國現代文學名家傳記叢書 ; 11)
含參考書目
ISBN 957-549-492-x(平裝)

1. 卞之琳 - 傳記

782.886 92001102

中國現代文學名家傳記叢書 ⑪
欒梅健・張堂錡策劃

低吟淺唱的歌者：卞之琳

著者：姚峰・邢超・徐國源
出版者：文史哲出版社
http://www.lapen.com.tw
登記證字號：行政院新聞局版臺業字五三三七號
發行人：彭正雄
發行所：文史哲出版社
印刷者：文史哲出版社
臺北市羅斯福路一段七十二巷四號
郵政劃撥帳號：一六一八〇一七五
電話886-2-23511028・傳真886-2-23965656

實價新臺幣 三〇〇元

中華民國九十二(2003)年一月初版

ISBN 957-549-492-x

書系緣起

張堂錡
欒梅健

早在一九一四年九月二十三日，胡適就在一篇題為〈傳記文學〉的日記中，提出了現代「傳記文學」的概念，後來經過多方研究中外傳記，他認為，傳記是中國文學裏最不發達的一門，因此大力提倡傳記文學的寫作，胡適自己就寫了最早的一部現代自傳《四十自述》，而且還陸續寫作了四十餘部（篇）為他人立傳的作品，傳主包括老子、吳敬梓、張季直、丁文江等。透過胡適、郁達夫、朱東潤等人的理論開拓，不論是自傳或他傳，在五四新文學運動之後開始大量湧現，較為人熟知的就有沈從文的《從文自傳》、郭沫若的《沫若自傳》、謝冰瑩的《女兵自傳》、郁達夫的《達夫自傳》、巴金的《片斷的回憶》，以及聞一多的《杜甫》、吳晗的《朱元璋傳》、朱東潤的《張居正大傳》等。這些作品，使中國現代傳記文學的發展逐步臻於繁榮與成熟。時至今日，傳記文學已是現代文學中不可忽視的重要文類之一，各種思想家、文學家、政治人物、社會名人的自敘、自述、回憶錄、懺悔錄、大傳、小傳等，早已充斥於書肆，流行於市井，有時甚且拜名人效應之賜，成為一時之新聞熱點。如果暫且不論質量，而以數量之可觀來看，胡適當年「最不發達」的感慨，於今看來實已不可同日而語了。

不過，如果撇開往往只有「傳記」而無「文學」的政治、社會名人傳記，而以文學家、思想家為對象的文學傳記其實不能算多，若要進一步談到優秀與上乘的現代文學傳記那可能就令人不盡滿意了。所謂「優秀與上乘」，以胡適的話來說，就是必須做到「紀實寫真」的真實性，「給史家做材料」的史料性，「給文學開出路」的文學性，而且「應該有寫生傳神的大手筆來記載他們的生平，用繡花針的細密工夫來搜求考證他們的事實，用大刀闊斧的遠大識見來評判他們在歷史上的地位」（〈南通張季直先生傳記序〉）；若以郁達夫的觀點來說，則必須「記述一個活潑潑的人的一生，記述他的思想與言行，記述他與時代的關係」，「應當將他外面的起伏事實與內心的變革過程同時抒寫出來，長處短處，公生活與私生活，一顰一笑，一死一生，擇其要者，盡量來寫，才可以見得真，說得像」（〈什麼是傳記文學〉）。要符合以上的標準並不容易，但所有的傳記文學寫作者不妨以此為準繩，筆雖偶不能至，心卻大可嚮往之。

一切的文學都是人學。人，是大地上最動人的風景，也是文學世界裏的中心視野。傳記文學之有趣味，有意義，就在於能將一幅幅動人的生命風景鐫刻於歷史的長廊中；但傳記文學的富挑戰性、困難度，也在於人的複雜、多面、變動與深刻，即使有生花妙筆，都不一定能完全掌握傳主的精神、思想與心靈面貌。很多時候，執筆者本身的生命氣質、思想見解、人生歷練與情感投射，與傳主間的互動、感應與啓發，才是一部傳記文學作品能否得其真、傳其神、見其美的關鍵。因此，一部好的傳記作品，既要能顯現出傳主不凡的思想歷程與生活樣貌，同時也要能表現出執筆者過人的見識與文采，也就是說，一部傳記文學作品所激發、闡釋與揮灑的應是兩個生命的精華，從這個角度而言，閱讀傳記文學實在是「物超所值」、收穫加倍的選擇。當年胡適的大力提倡，今日看來也還是真知灼見。

基於以上的想法，我們在文史哲出版社不計盈虧的支持下，策劃推出了《中國現代文學名家傳記叢書》，自二〇〇一年元月出版《冰心傳》起，陸續出版了郁達夫、曹禺、巴金、朱自清、周作人、錢鍾書、林語堂、梁實秋等多部文學名家的傳記。我們明知市面上已有其他相關的傳記書籍在流通，但本著提倡傳記文學的使命，以及為中國現代文學的研究增添一分力量的理念，我們仍決定在這個系列叢書上持續深耕。令人欣慰的是，叢書陸續出版後，得到了許多讀者與研究者的好評與肯定，而這主要是因為執筆者都是這些文學名家的喜好者與研究者，他們出色的文采與深刻的洞見，使這些傳記煥發出閃耀動人的光華，也使這些傳主的生命在傳記文學裏重新又精彩地活了一回。這些撰稿者中，有的是望重士林的學術前輩，有的是銳氣十足的年輕學者，沒有他們的協助，這套叢書根本不可能問世。為他人作傳本就不易，何況是為現代文學史上熠熠耀人的知名作家寫傳，其間的艱苦就更難與人言了。身為主編，我們真是非常感謝這些參與撰稿工作的前輩們與朋友們。

出版市場的不景氣已是人人皆知，學術書籍的出版有時一波多折，有時胎死腹中，更令寫作者不勝欷歔。寫書容易出書難，出書容易賣書難，解嘲背後其實有著難言的苦辛，而這套叢書何其幸運在兩年內出版了十本，後頭還有多本陸續出版，每思及此，便不能不由衷地對文史哲出版社彭正雄社長的道義心腸、文化襟抱深深感到敬佩。這套書為現代文學開了一扇窗，為兩岸交流搭了一座橋，如果有更多的讀者願意來探窗、渡橋，那就更是美事一樁了。

二〇〇二年歲末序

低吟淺唱的歌者——卞之琳

目錄

第一章 從故鄉到上海

第一節 童年生活

一九一〇年十二月八日，卞之琳出生在江蘇海門湯家鎮。

明人尹壽昌是這樣概括江蘇海門——「一塊濱江負海的樂土」的：「東南澤海，有周大觀；岷江涘濆，呑聲於此；中原蜿蜒，藏形於此；淮泗逶迤，交匯於此。」

但確切地說來，海門只是一個連成片的沙洲。歷經八百多年的風雨，到唐朝末年，長江北入口出現了兩個露出水面的大沙洲——東洲和布洲；在這兩個沙洲的周圍，還有若干的小沙洲。日月經天，這些沙洲漸次連片。到了五代東周顯德五年（西元九五八年），在東洲鎮設立了縣治。因東洲鎮爲江海之門戶，故得名海門縣。由於長江主洪道南北移位，加上海潮、江水和颱風的侵襲，江岸時漲時坍，海門境內的土地也隨之浮沉。從元至正年間（西元一三五〇年）到清康熙十一年（西元一六七二年）的三百多年中，海門縣治歷經變遷，並最終廢縣歸併通州建靜海鄉。而到了清康熙、雍正年間（西元一七二〇年前後），江流主洪南傾，長江北岸又開始漲積，先後漲出三十多個新沙洲，綿延百餘里。到了乾隆三十三年（西元一七六八年），在這些新沙洲上建江蘇省海門直隸廳，設治於裙帶沙洲茅家鎮。而到了民國元年（西元一九一二年），海門恢復縣治，與崇明、上海等同屬滬海道。

卞姓不多見，卞之琳在名字上遇到過不少的笑話。三十年代，他在北京大學求學期間，就常常被人喚作「卡之琳」，而在發表作品時，也時有這樣的尷尬。七十年代末期，香港坊間盜印了一冊《西窗集》，這本書的封裏明明白白地寫著「卞之琳選譯」，封面書脊上卻赫然印著「卡之琳」。其實，卞姓是頗有歷史淵源的，上溯可至西周的卞國（位於今黃河以南的山東河南之間），東晉南渡時，除大部分人繼續留居之外，其餘部分族人南遷。而南遷的族人中以官至尚書令的卞姓族人卞壼（西元二八一年—西元三二八年）最爲有名。卞之琳的先祖即屬於這一支。卞家世居江蘇溧水（今南京東南），到了太平天國後期，卞之琳的祖父卞天旦因不堪連年戰亂，舉家遷到海門。

當時，和卞家一樣因避戰亂遷到海門的還有不少人家。「例如從溧水遷來的我老家四鄰——嚴格說是『三鄰』，因爲舊湯家鎮西市北邊是一條小橫河入我老家西側的小豎河，河西河北就是農田，——對門除了西南有一個原爲崇明人的地主大戶的楊家倉以外，秦家或陳家來自常熟，西鄉閔家來自常州，東鄉方家來自江陰。①」

自古以來，海門就以自產棉花爲原料發展家庭土紡土布。海門土布遠銷東北三省，享有盛譽。卞之琳的祖父卞天旦是學徒出身，到海門定居後，根據當地的情況開設了一家染坊。經過苦心經營，染坊在當地興旺一時，卞家也因此積累了一點資財。卞天旦出錢買了個監生的稱號——也就是「捐」了個「頂子」，從此脫了白衣出身。此後，卞天旦也刻意栽培其獨子卞嘉佑——也就是卞之琳的父親——讀書入仕。

出科舉入仕途不僅是父母之命，也是卞嘉佑的理想所在。他對聖賢書也是興趣甚濃。但是造化弄人，卞嘉佑回原籍溧水參加科舉卻屢試不中。在卞天旦去世之後，科舉不果的卞嘉佑作爲家中獨子，只好棄學經商，接過染坊的生意。但此時的染坊已經日漸式微，開始走下坡路。卞嘉佑志不在此，也沒有經商的天賦，因而染坊也在苦苦支撐了不長的時間後，終於破產了。卞之琳就是在家道中落的時候出生的。因而卞之琳在《雕蟲紀歷．自序》中說自己是「舊社會所謂出生『清寒』的」。

卞嘉佑的原配在結婚後沒幾年就死了，但留下了兩個男孩和一個女孩。卞之琳是繼房薛萬芝所生。薛氏共生育三男二女共五胎，卞之琳爲薛氏的第四個孩子，在他之後，本還有一個男孩，但他生後不久就夭折了。所以實際上，卞之琳在家中排行最末。按照這一帶農村的習俗，他被叫作「奶末頭兒子」。自然，這個「奶末頭兒子」深得薛氏寵愛。這可由一九二九年卞之琳考取北京大學英文系後，薛氏傾其所有並變賣首飾使得其求學之路才得以繼續見之一二。

卞姓家族中的近四代的命名，按照「自天佑之」排列。「琳」字在古代本來是個男性用名，但後來很多女性起名時喜歡用這個字。談到自己頗爲女性化的名字時，卞之琳曾幽默地說：「我曾幾次想改個名字，把『琳』字的王字旁去掉，但所用證件不容自改，無可奈何。」

除了名字之外，卞之琳鄉土氣息甚濃的普通話也常被人善意地談論。卞之琳的一生，絕大部分的時間都是在北京度過的。可是很奇怪的是，他居然沒有學會幾句北京話，還是一口的南腔北調。在北方，別人認爲他說的是南方話；可回到南方，那裏的人又認爲他說的是北方話。

可能，卞之琳根本就沒有想到去學什麼北方話。漂流在外，鬢毛已衰，但鄉音不願改。他對家鄉的思念，由此可以窺之一二。

海門鄉下，可以玩的地方不多，只有廣闊的田野供孩子追趕嬉鬧，逐狗飛鳶。卞之琳家有個後院，後院種著蔬菜。院子內外的竹子連成一片，這裏就是卞之琳的童年樂園。他在這裏翻跟頭，以竹子爲玩具玩得不亦樂乎。院外不遠的地方有一棵年代久遠的大香椿樹，樹上攀附著一株大薔薇，每到春天就開滿了花；同樣不遠的地方有著一株烏桕樹，一到秋天，映入眼簾的盡是紅葉。這是童年的卞之琳經常去的幾個地方。湯家鎮鎮西頭的橫交叉著兩條小河，上面是一座叫作汲水橋的小橋。卞之琳最喜歡的就是到汲水橋兩岸捉一種長著大紅鼇的小螃蟹。當然，童年的卞之琳可能還有別的去處，就像他在《愁》中說的那樣：

在這座古城的靜夜裏，
聽到了在故鄉聽過的明笛，
雖說是千山萬水的相隔罷，
卻也有同樣憂傷的歌唱。
偶然間憶到了心頭的，
卻並非久別的父和母，
只是故園旁邊的小池塘，
蕭風中，池塘兩岸的蘆與荻。

童年的卞之琳也許還捉過蟈蟈——一種類似蟋蟀的昆蟲。他在《寂寞》中這樣寫到：

鄉下小孩子怕寂寞，
枕頭邊養一隻蟈蟈；

長大了在城裏操勞，
他買了一個夜明錶。
小時候他常常羨豔，
墓草做蟈蟈的家園；
如今他死了三小時，
夜明錶還不曾休止。

在離開家鄉海門異地求學之後，卞之琳就很少回家：

我自己從一九二七年到上海上學後，只有寒、暑假回鄉，一九二九年到北平上學後，幾年才回鄉一次，後來十年（包括抗日戰爭八年）才在國民黨全面發動內戰，地方形勢不明的時際，悄悄回家鄉探父，住過一夜，全國大半解放後只回鄉兩次，每次幾天，以後又隔十年，我在『文化大革命』後期回鄉兩三天一看……」②

但是他對家鄉的掛念卻沒有停止過。由《航海》這首小詩可窺其鄉思之一斑：

輪船向東方直航了一夜，
大搖大擺的拖著一條尾巴，
驕傲的請旅客對一對錶——

「時間落後了，差一刻。」
說話的茶房大約是好勝的，
他也許還記得童心的失望——
從前院和後院和月亮賽跑。
這時候睡眼矇矓的多思者
想起了在家鄉認一夜的長度
於窗檻上一段蝸牛的銀跡——
「可是這一夜卻有二百里？」

但是，卞之琳從來都不認為海門是一個「羅曼蒂克」的地方：

雖然我生長的地方是江海間一塊只有一二百年歷史的新沙地，住的百分之八九十是南岸來避難或開荒的移民，說不上羅曼蒂克。③

第二節　歷經學潮

如我們所知，卞之琳有著扎實的古文功底，從小就對文學——當然那時侯是舊文學——

有著濃厚的興趣。除了天賦之外，這所有的一切都離不開卞之琳的落第父親卞嘉佑：

想當初，先父被趕鴨子上架，爲接管祖業而棄學經商，最後在破產前勉力掙扎，因時勢所迫，不得不趁我放學在家，敷衍教我打打算盤，無奈我天生不會算數，冥頑不化靈，而老人家又抑制不住私心的愛好，假託作爲遣興，就在算盤旁邊，攤開一本《千家詩》、《唐詩三百首》之類，教我翻讀，這倒引發了我對有限的家藏詞章方面的書籍產生興趣，也暗自謅過幾句韻語。④

在一九一七年的下半年，也就是卞之琳七歲的時候，他被家人送進本鎮的陳氏私立國民小學。

海門的歷史不長，地方不大，但歷任政府和官員，以及當地的老百姓對教育都很重視：

五代後周顯德五年（九五八年）建縣時，即有縣學，統稱儒學。宋大觀年間（一一〇七—一一一〇），設有學官。元至正元（一三四一）後，縣境多次坍沒，遷治後，必復建學宮、文廟，以尊孔敬教勸學。清乾隆三十三年（一七六八），原縣址復漲設廳後，即于廳治茅家鎮捐建學宮。之後，又建儒學署，相繼設立書院、社學、義學。嘉慶十七年（一八一二）初，設海門廳學，奏請酌定學額，學習進取之途稍廣。民間私塾相繼出現，且較興旺。光緒二十七年（一九〇一），始辦學堂。光緒三十一年，組建學務公所。

翌年三月，改學務公所爲勸學所。宣統二年（一九一〇），有高等學小學堂三所，初等小學堂九十四所。⑤

海門早期的洋務學堂執行癸卯制，初等小學堂五年，高等小學四年。教學上逐步由以「四書五經」爲單一教材改爲國文、算術、歷史地理、格致等課程並設，從個別講授方式過渡到班級教學。光緒三十二年（一九〇六年），高等小學每週開設的課程爲：修身二課時，讀經講經一二三課時，中國文學八課時，算術三課時，歷史、地理、格致、圖畫各二課時，體操三課時。

而到了民國元年（一九一二年）後，均按壬子學制、癸丑學制規定，初等小學四年，爲義務教育，高等小學五年。一般初等小學開設的課程爲國文、歷史、地理、算術、體操、圖畫、修身，高等小學還增開讀經、格致、博物等。

卞之琳在陳氏私立國民小學待的時間很短，到第二年，他就轉入了同在湯家鎭的公李第七國民小學。在那裏，他完成了他四年的初等小學的學業。

那段時間，卞之琳在放學回家之餘，總是撇開八股範文之類的抄本，拿出幾張他父親考洋務時留下的世界地圖。那幾張印得古拙的地圖讓他產生了濃厚的興趣。他就著地圖，讀讀《綱鑑易知錄》簡編，一度萌發了長大去搞歷史、地理研究的理想。

一個暑假之後，在一九二一年的秋天，卞之琳進入滸通鎮袁氏國文專修學校，體驗了「一年的變相私塾生活」⑥。認真地修讀了《孟子》、《左傳》等經典古籍，打好了國學基礎。

這時候，隨著新文化運動而來的白話文推廣勢力日漸龐大，逼迫北洋政府教育部在一九二〇年三月三十一日通告國民學校，飭令文言教科書分期作廢，逐漸改用語體。

緊接著在民國十二年（一九二三年），海門順應潮流實行新學制，初小學制還是四年，但高小由原來的五年縮短爲二年，被稱作爲四二分段制。而初等教育六年期間的學習科目則變得更爲豐富，初小爲國語、算術、社會、自然、藝術、音樂、體育，高小爲算術、公民、衛生、歷史、地理、自然、園藝、藝術、音樂、體育。

在新學制還沒有正式公佈之前，卞之琳的高小階段就趕上了這次改革。他一九二二年秋入啓秀小學，並按照新學制在兩年之後的一九二四年夏天畢業。在啓秀小學，課本已經是白話文了。從這些讀本中，他已經接觸到了白話新詩，但並不喜歡。還是在和父親從海門鄉下來到大上海，購得冰心的詩集《繁星》之後，才對新詩有了濃厚的興趣，對於這「關鍵的一步」，卞之琳以後曾屢次提及：

還是在一次我從鄉下到上海，到商務印書館看看，從玻璃櫃裏挑出一本兒童讀物《環遊地球記》的同時，我還買了「冰心女士著」的《繁星》。這是我生平買的第一本新詩，也是從此我才開始對新詩發生了興趣。⑦

啓秀小學是一所私立的高小，位於相鄰不遠的麒麟鎮西北，清光緒三十二年（一九〇六年）由龔世清創辦。當時在海門，私立學校盛行，在另一「教育重鎮」常樂鎮，就有兩所私立學校，分別爲清末狀元張謇及其妻徐氏創辦的張徐女子小學，張謇的兄弟及其妻邵氏創辦的張邵小學。

在小學畢業之後，卞之琳進入茅家鎮（海門縣誌所在地）海門中學念初中一年級。已經初步接觸了新詩並興趣盎然的卞之琳在這時候開始了新詩寫作的嘗試。這些習作中的三、四首，在不久之後被收集到上海出版的《學生文藝叢刊》的某一期。這些詩的內容和形式是如何的，現在已經無從知曉，但有一點是肯定的，那就是風格學冰心。

他的初中階段，學生運動蓬勃興起。因而他的經歷也波折頗多，兩年的時間內換了三所學校。

這段時期學運蓬勃是不難理解的。自從學生團體在「五四」運動發揮了帶頭作用，他們自覺到組織起來的力量。「五四」固然是反帝反封建的運動，但「五四」前後青年努力的方向已有所不同。在前期，他們致力於把自己從舊制度的束縛中解放出來，因此打倒「孔家店」、推翻舊家族制度、發動新文化運動成爲當務之急；在後期，抗爭的場所漸漸從家庭轉移到社會和國家。運動中心的轉移是基於青年瞭解到個人的命運與民族命運的息息相關，要達致個人解放，必先達致社會和國家的解放。國內的政治形勢也促成了這個覺悟：其一是一九二一年中國共產黨的成立，其二是一九二三年國民黨的改組，採取了聯俄、聯共、扶助農工的三大政策。到一九二五年由於上海日本沙廠工人爭取改善待遇而受到日本人的屠殺，上海各校學生舉行大規模的示威，在租界爲英國巡捕開槍射擊，釀成「五卅慘案」。那麼上海臨近海門中學在同年的初夏發生學潮，倒不是偶然的事故了。當然，海門中學學生反對校長以至啓秀中學學生反對教務長的風潮，容有政治因素在內，大體上可視作青年對既成制度的反抗。⑧

在初一結束的那個暑假，海門中學發生學潮，全校學生起來反對校長，並把其扣留起來。卞之琳對整個事情的來龍去脈並不知曉，作爲一個血氣方剛的年輕人，對權威的叛逆、對弱者的同情、對同學的友愛使得卞之琳義無反顧地加入到這場學生運動之中。當聽說外界將用用武力進行干預時，他無所畏懼地隨一幫同學在學校的一個側門值班，以應對突發事件。

這次學生運動失敗之後，卞之琳和一部分同學轉學到麒麟鎮的啓秀初級中學，接著念二年級。在那裏，他遇到了一位叫楊宗時的國文老師。楊宗時雖然主要教的是文言文，但其對新文學有相當的研究，竭力在班上推介魯迅的小說集《吶喊》。也正是在他的課堂上，卞之琳對魯迅及其作品有了初步的瞭解。

繼在上海商務印書館買到冰心的詩集《繁星》之後，卞之琳在一九二五年通過郵購的方式買到了《志摩的詩》初版線裝版，也就是沒有經過刪節的版本，其中保留了徐志摩早期的一些不成熟的作品。對卞之琳來說，《志摩的詩》有著重要的意義：

在讀新詩的經歷中，是介乎《女神》和《死水》之間的一大振奮。⑨

卞之琳在啓秀初級中學也僅僅待了一年多的時間，到三年級上學期開學不久的時候，卞之琳利用假期回家過中秋。等他返校後，發現學校裏風雲突變，同一級的同學群起反對教務長。和第一次一樣，對這次的學生運動他同樣不明就裏，但還是決定和別人採取統一行動。這位教務長對卞之琳一向比較欣賞，試圖勸阻他不要和自己作對。但卞之琳不爲所動，堅決避而不見教務長，並最終隨大多數同學轉學到各方面條件都比較差的江家鎮三益初級中學。到了新的學校，許多同學在艱苦的環境面前屈服了，悄悄地又回到了原來的中學，但卞之琳和另外五位同學卻堅持在那裏讀到初中結束。

卞之琳本來是置身於這幾次學潮之外的，更加談不上帶頭發難，甚至對事情的前因後果都不瞭解，可是他卻不顧一切地站到了同學的陣營當中。而且他一旦介入了，即非常地執著，一直戰鬥到最後一刻，儼然成了捍衛眞理的「殉道者」。

第三節　走出家鄉

一九二七年夏天，卞之琳考取上海浦東中學並於同年秋天入學，越級插上高一第二學期。浦東中學是當時上海四所私立名校之一，特別以理科見長，很多學生在畢業後都能考取上海交通大學。浦東中學雖然不是教會學校，但是很注重英文，除國文課本之外，都是用英文課本。

長江三角洲，靠近上海一帶，受西方帝國主義入侵所帶來的精神污染較深，甚至在鄉間一些地方，哪怕非教會學校，從初中高班就開始有英文課。在自然經濟凋敝過程中，鄉鎮破落户人家往往冀望子弟能到洋人當權的郵物海關機構從業進身，以博豐厚的薪給。受潮流席捲，先母難撐困頓家境，也就鼓勵我多學點英文，想不到這即導致我對西方文學的關注。⑩

本來在海門鄉下三益初級中學的時候，卞之琳即接觸到《莎士比亞故事集》的英文版，很是爲之著迷；到了浦東中學後，他又選修了莎士比亞戲劇課，並讀了《威尼斯商人》原版。至於爲什麼對原版這麼重視，卞之琳是這樣說的：

我在高級中學的時候，在讀《思想》雜誌和一些進步文藝論著的譯本感到難懂的同時，開始從原文接觸到了一些英國詩；上大學一年，稍懂了一點法文，就又從原文讀了一些法國詩。⑪

而就在那時，他私底下試著開始拿起筆進行翻譯。柯爾立奇的《古舟子》成爲他的翻譯處女作。在一九二九年，他悄悄地利用課餘時間寫了一短篇小說《夜正深》，後來經過修改，發表在楊晦主編的《華北日報》副刊上，署的是筆名「季陵」。關於《夜正深》，卞之琳有一段話可以作爲其背景來對它進行詮釋：

> 大約在一九二七年左右或稍後幾年初露頭角的一批誠實和敏感的詩人，所走的道路不同，可以說是根植於同一個緣由——普遍的幻滅。⑫

就在這段時間，有一件事對卞之琳以後的人生道路有重大的影響，那就是接觸到馬列主義的書刊。這得益於新來浦東中學的任哲學教員兼教務長的張鐵生和一名叫馬特的同學的不遺餘力的宣傳和介紹。如果要探尋卞之琳一九三八年的紅色聖地延安之行以及一九五六年加入中國共產黨等等事件的思想脈絡，就不能忽視這初次的思想啓蒙。

浦東中學那時候實行的是學分制，聰穎、勤奮的卞之琳用兩年半的時間修完了三年的課程，在一九二九年夏天提前畢業，並在暑假中考取了北京大學英文系。卞之琳在上海讀中學期間家庭經濟就十分拮据，現在又要北上求學，家裏實在是不堪重負。他的母親一向對其寵愛有加，自然不會看到兒子因爲錢的問題耽擱了前途，於是變賣出嫁時帶來、已經所剩無幾的金銀首飾，千方百計地籌集學費。而卞之琳的親戚也紛紛解囊，爲他繼續求學之路提供了莫大的幫助。

帶著自己的夢想，以及父母、親戚的厚望，卞之琳一步步開始了貫穿一生的文學之路。

【註　釋】

①卞之琳《讀志誌感——湯家鄉志（代序）》。
②卞之琳《讀志誌感——湯家鄉志（代序）》。
③卞之琳《尺八夜》。
④沈文沖《南通文化名人、著名詩人、翻譯家卞之琳》。
⑤《海門縣志》。
⑥卞之琳《完成与開端：紀念詩人聞一多八十生辰》。
⑦同上。
⑧張曼儀《卞之琳著譯研究》。

⑨卞之琳《徐志摩詩重讀誌感》。
⑩沈文沖《南通文化名人、著名詩人、翻譯家卞之琳》。
⑪卞之琳《生平和工作》。
⑫卞之琳《戴望舒詩集》序。

第二章　低吟淺唱（上）

第一節　登上詩壇

一九二九年秋，十九歲的卞之琳被北京大學英文系錄取，主修英國文學。當時卞家的境況已經很困頓了，卞之琳也是靠借貸和親友的資助才能北上求學。在去北京的路上，發生了一段趣事，卞之琳是從上海坐火車出發的，到南京浦口換車後再行，而這時坐在他對面的恰是也要去北平清華大學讀書的錢鍾書，兩人就此相識。

坐在火車上，卞之琳想著旅途的終點——北平，年輕而又敏感的他心情是矛盾的，卞之琳在中學時代屢次因參加學潮而轉校，一九二五年在海門中學，與同學反對校長不遂，隨部分同學轉學麒麟鎮啓秀初級中學。在一九二六年，又因反對教務主任而隨本級大多數同學轉學江家鄉三益初級中學三年級。可見在他瘦弱沉靜的外表下其實有著一股叛逆衝動，北平作爲五四運動的發祥地，那是卞之琳心中的「聖地」，對北平，他的心中含著一股崇敬之情，但卞之琳知道，他要去的地方不只是一個「聖地」，它還是一座破舊的古都。在那年的秋天，卞之琳同樣還帶著一種憑弔，一種寄懷的思緒來到了北平。幸好卞之琳去的是北大。對於愛詩的他來說，這是一個他所嚮往的地方。在中國新詩剛剛誕生的時候，北京大學是它最富有創造生機的搖籃。

卞之琳入的是英文系。北京大學英語系的前身爲成立於一八六二年的京師同文館，後者是專門爲清廷培養外語人才的。一九〇二年清廷下令恢復京師大學堂時，決定將同文館併入大學堂。次年八月正式招生開學，分設英、俄、法、德、日五國語言文字專科，學制五年畢業。一九一二年京師大學堂改名爲北京大學。一九一九年廢科改系，北京大學分爲十四個系，由年輕的留美教授胡適擔任英國文學系主任。胡適與英文系的另一位著名教授辜鴻銘分別代表了當時新文化運動中的新舊兩派。在卞之琳去以前，英文系就可以說群賢畢至，集中了陳源、楊蔭慶、溫源甯、林語堂、徐志摩、郁達夫、羅昌、潘家洵、張欣海、楊宗翰、王文顯、吳宓等著名學者。

一到北平，卞之琳就由經濟系的千家駒帶往銀宅的大豐公寓，當時住在這裏的還有剛進入中法大學服爾德學院專修法國文學的羅大岡（當時還用名爲「大剛」，一九四八年改爲「大岡」）和一些浙江同學。剛開始，北大同學和他深交的要數和他同班的秦宗堯，他經常以「白寧」

的筆名在楊晦主編的《華北日報副刊》上發表譯作。秦宗堯家境貧寒，經常要赴外地教書來補貼生活費用，所以不得不經常曠課。但當時北大有軍訓課，規定必須要上滿一定的數量，是卞之琳經常自告奮勇頂替秦宗堯，敷衍過去，才使他能夠順利畢業。另一位不同班的好友，就是經常出現在他三十年代作品中的吳廷璆。吳廷璆在歷史系念書，是杭州人，也是千家駒的好友，跟卞之琳同歲，只是月份比他大，兩人的長相非常相似，所以經常有人錯認卞爲吳、吳爲卞，而且在後來兩人到日本時，也被人當作兄弟。吳廷璆在卞之琳畢業前一年，即一九三二年離開北平去了西安，後轉學日本京都大學去研究東西交通史。在吳廷璆去西安時，卞之琳寫詩《小別》相贈。

當時北大的英文系主任是溫源甯，溫從小在國外受教育，畢業於劍橋大學，在北大同學中有較高威望。大約由於他的關係，歐洲文學史、第二外語之一的法文課等大都由清華大學西籍教師兼課執教，卞之琳在一年級時旁聽過一堂與清華大學合聘的課座教授、英國文學評論家、「新批評」理論的奠基者瑞恰慈（I. A. Richards）爲大四主講的文學批評課。卞之琳還主修過從清華大學來兼課的美國人畢蓮女士（Miss bille）的大一英詩課，教材用的是《金庫》，從第四卷即浪漫主義復興時期到新增詩卷即維多利亞時代。卞之琳將英詩課上所讀詩中喜歡的十之三、四，在課餘將其譯成中文；實際上在一九二七年，考入上海浦東中學高中部後，因爲主修文科，卞之琳已經讀過莎士比亞「威尼斯商人」原本，私下也譯了柯爾立其的《古舟之歌》，小試譯筆。在北大以後，卞之琳在讀了莎士比亞的《仲夏夜之夢》，課餘也曾將其全部譯出，不過譯後全部銷毀。卞之琳從高中時候起就開始試著翻譯英國文學作品，這段時間，更是練筆日勤，這爲他以後的成爲優秀的翻譯家打下了堅實的基礎。其他因直接受業而相熟的教師中突出的有葉公超，英語文學基礎課即受教于溫源甯及葉公超，後來梁宗岱從法國回來，在北大的法語系任教，卞之琳也曾短期旁聽過他的課而與其相熟。

卞之琳在大一時，上課還是老老實實，但到了二年級時他就開始不安心埋頭讀書，經常寫新詩寄感，短期內時有所作，雖常隨寫隨棄，但還留下《記錄》等多首。其中一部分，連同臨時雜譯短詩，從入冬至次年春夏間用不同筆名發表于楊晦主編的《華北日報》副刊（包括在浦東中學寫的，在一九三〇年修改的《夜正深》；據卞寫的《生平與工作》，一說是在一九三一年發表，據張曼儀編的年表）。

沒事的時候，卞之琳喜歡在黃昏時，一個人走在北平的街頭。從此時開始，在卞之琳的心中就一直有了揮之不去的「北京情結」，從青年時代在北京大學英文系讀書直到晚年落戶京華，卞之琳在這裏斷斷續續居住了將近七十年。在當時的卞之琳眼中，他是這樣《記錄》北京的：

現在又到了燈亮的時候，
我喝了一口街上的朦朧，
倒像清醒了，伸一個懶腰，
掙脫了多麼沉重的白日夢。
從遠處傳來了一聲「晚報！」
我吃了一驚，移亂了腳步，
丟開了一片皺折的白紙：
去吧，我這個一天的記錄！

此外，《一個閒人》、《寒夜》、《長途》、《酸梅湯》、《西長安街》、《幾個人》等，也都是舊北京風土人情、社會狀況的絕好素描，但不可否認，這些詩歌透露出的氣氛是慵懶黯淡的，卞之琳此時看到的是正值那場空前的資本主義世界經濟危機發生的時節下的北平，那個市面蕭條，民生凋敝的北平。當時的北平，這座千年古都，正處於猶如被棄置的狀態中。已非政治中心；經濟上也無足輕重。叫賣的小販、算命的盲人、黃包車車夫、拉二胡的藝人，他們的目光暗淡，面無表情，生計的艱難讓他們習慣了沈默，卞之琳的心情比他們好不了多少。像那個時代所有的年輕人一樣，卞之琳面對著當時的中國，心中也充滿著一團火，然而當他環顧四周，卻發現並沒有一條路讓他可以點燃自己的心火。一九三〇年卞之琳面對著死寂的黃昏，心中一片茫然，他寫下了《奈何》：

（黃昏和一個人的對話）
「我看見你亂轉過幾十圈的空磨，
看見你塵封座上的菩薩也做過，
你叫床鋪把你的半段身體托住
也好久了，現在你要幹什麼呢？」
「眞的，我要幹什麼呢？」

「你該知道的吧，我先是在街路邊，
不知怎的，回到了更冷清的庭院，
又回到了屋子裏，又挨近了牆根前，
你替我想想看：我哪兒去好呢？」
「眞的，你哪兒去好呢？」

卞之琳的這一代人大多是五四新文學運動之後出現的新一代知識份子，當時在三〇年代初期正處於選擇人生的青年時代，並不像革命詩人那樣有強烈的歷史使命感，也不象早期新月詩派那樣有程度不同的政治意識。藝術對於他來說，首先是屬於他自己的。在他看來，現實生活是醜惡的、虛幻飄渺的，並不能滿足他們對生活的熱望。只有他的心靈，他的感覺，他的詩歌，才是眞誠和實在的，才能給予他們精神上的安慰。藝術對於他，並不是實現某種政治主張、改變社會的工具，而是當作他疲憊和彷徨的心靈的家園。卞之琳是忠實於自己的藝術的作者，他的神經是格外敏銳的，雖然可能未必能意識到事物的眞相。

卞之琳的自我剖析，很清楚地說明了這一點：「當時由於方向不明，小處敏感，大處茫然，面對歷史事件、時代風雲，我總不知要表達或如何表達自己的悲喜反應。這時期寫詩，總像是身在幽谷，雖然心在巓峰。」①

那時卞之琳面對的現實，離五四時代那樣理想的氛圍已經很遠了。大革命失敗後恐怖、陰霾的政治氣候與破敗荒涼的中國社會現狀使一部分知識份子感到幻滅的悲哀。詩人本來就生活在大學校園的象牙塔中，對於現實的失望，使他轉向對「純詩」的追求。但他的追求是朦朧的，意識是模糊的，他在現實生活中並沒有找到確定的、可以寄託的生活目標，常常流露出對於生活無望的歎息。這一時期的詩歌的意向表現出他內心的痛苦和複雜的情緒。似乎是無可奈何的選擇，他對世界的感知視點移向了個體心靈的隱秘之隅，而對時代風雨採取疏離態度，成爲彷徨在荒涼街頭的尋夢者、孤獨的夜行人，以至對死亡也有一種奇怪的嚮往。此時的卞之琳呼吸著北中國荒涼的氣氛，感受的現實讓人失望，卞之琳說：「我彷徨，我苦悶。有一陣我就悄悄發而爲詩」。②

卞之琳對待自己的詩歌創作，同對待自己的翻譯一樣，也是非常挑剔，他寫詩，多是隨寫隨扔，保存下來的不多。在自述長文《〈雕蟲紀歷〉自序》裏，詩人說：「人非木石，寫詩的更不妨說是『感情動物』。我寫詩，而且一直是寫的抒情詩，也總在不能自已的時候，卻總傾向於克制，彷彿故意要做『冷血動物』。規格本來不大，我偏又喜愛淘洗，喜愛提煉，期待結晶，期待昇華，結果當然只能出產一些小玩意兒。」一方面沒有眞情實感不會去寫詩，詩的數量也就很有限，另一方面，在這眞情實感之下寫詩，卻並不就是去直接表達，以卞之琳矜持的性格，自然不願意把私人的情感暴露於人前，於是他也就習慣了悄悄地以詩抒懷，寫完了，又丟棄，偶爾有一小部分發表，也多是以「林子」、「C—」「季陵」等筆名爲掩蓋，發表在《華北日報副刊》上。也許如果不是在一九三〇年秋天，徐志摩得到北京大學文學院長胡適的幫助，離開上海到了北京，任教於北大。卞之琳的人生可能是另外一種模樣，卞之琳正式登上詩壇情形是戲劇性的，是一團熱心的徐志摩不由分說將他推上了詩壇。

就人的關係說，卞之琳做徐志摩的正式學生，時間是在一九三一年初，就詩的關係說，卞之琳成爲徐志摩的讀者，卻遠在一九二五年他還在鄉下初級中學的時候。十五歲的卞之琳從上海新月書店郵購到一冊《志摩的詩》詩版線裝本（後來重印的版本頗有刪節），這是在卞之琳讀新詩的經歷中，介乎《女神》和《死水》之間的一大振奮。卞之琳可以說很早就已經受到徐志摩的影響了。

卞之琳是在一九三一年（二十一歲）二月，在英詩班上遇到了重到北大任教的徐志摩。當時徐一來北京大學就給卞之琳他們班上課，所以，卞之琳後來說自己是徐志摩的「及門弟子」。見到自己年少時敬佩的詩人，卞之琳自是高興。可能是徐志摩個性上的原因，儘管徐志摩在身體上、思想上、感情上，好動不好靜，海內外奔波「雲遊」，但是一落到英國，英國的十九世紀浪漫派詩境，他的思想感情發而爲詩，就從沒有能超出這個籠子。儘管徐志摩也曾經譯過法國象徵派先驅波特萊爾的《死屍》，在課堂上，也給卞之琳他們講過未來派。但他的詩思、詩藝幾乎沒有越出過十九世紀英國浪漫派雷池一步。所以卞之琳在晚年回憶起風流倜儻、才氣橫溢的徐志摩給他們上課的情景時說：「他給我們在課堂上講英國浪漫派詩，特別是講雪萊，眼睛朝著窗外，或者對著天花板，實在是自己在作詩，天馬行空，天花亂墜，大概雪萊就是他在這一片空氣裏了……」③。徐志摩往往能夠脫口成章，妙語連篇，骨子裏的理想主義、浪漫主義深深感染了年輕、少言寡語的卞之琳，這一點，即使到卞之琳晚年也不曾忘記。

徐志摩不僅是才人，也是熱情人。他對接觸到的男女老少，總是誼重情深，也可能是因為這一點，促使徐志摩將卞之琳「推」上了詩壇。卞之琳當時寫的詩不多，而且以他的個性，不想為人知道，所以寫完了，大多又自行銷毀。有一天，徐志摩來給卞之琳他們上英國詩，下課後，徐志摩和卞之琳聊天時，突然問卞之琳是不是也在寫詩，當時卞之琳很不好意思，但還是點了點頭，於是，就拿出幾首給徐志摩看。令卞之琳沒料到的是，徐志摩因為經常去上海，有一次就把卞之琳的這幾首詩帶回上海跟小說家沈從文一起讀了，讀完後，沈從文大加讚賞，於是就交給《詩刊》，發表在當年第二期上，兩個人也沒給卞之琳打招呼，就直接亮出了卞之琳的眞姓名。卞之琳後來知道後，自然很驚訝，但是，看到自己的詩能夠發表，能夠被師輩們讚賞，心中受到了很大的鼓勵。

徐志摩和沈從文還決定將卞之琳的詩編為一集，取名《群鴉集》（因內有《群鴉》一詩），準備交給新月書店印刷發行，同時沈從文還寫成該書的《附記》，發表於南京《創作月刊》，出書預告也在《新月》月刊上公佈了。不過世事難料，一九三一年「九・一八」事變發生了，日軍侵略了東北後，全國的局勢頓時緊張了起來，出版此書的計畫也一拖再拖。

詩被發表以後，卞之琳也就無法再躲起來、不為人知地寫詩了。一九三一年四月，卞之琳和同學參加編輯《北大學生週刊》，徐志摩也被邀請參加過幾回卞之琳和同學的創作活動。徐志摩也作了小詩一首《我羨慕》刊登在第一卷第十期上。徐志摩給卞之琳他們談起新詩創作的靈感時說：「我自小眼睛近視，有一天在上海配了一副近視眼鏡，到晚上抬頭一看，發現滿天星斗，那麼美麗耀眼，感到無比激動，心中突然湧起了要寫詩的衝動，這是我的第一次靈感……」④，給了卞之琳很深的印象。徐志摩當時經常奔忙平滬之間。有時卞之琳在班上或者偶而在教師休息室門口見到他，會說上一兩句話，唯一的一次長談是兩人在地安門內米糧庫徐志摩所寄寓的胡適家客廳的側室裏，有時他們之間也通信，徐志摩寫給卞之琳的一些短簡上有時客氣的稱卞爲「弟」。

在卞之琳的印象中，徐志摩交遊極廣。他對人熱誠，不管九流三教。周圍仕女如雲，就像拜倫和雪萊一樣，生活上也招致不少物議。但卞之琳一直很感激徐志摩，在晚年時，卞之琳評價他這位詩壇「引路人」時說：「（徐志摩）不論寫愛情也罷，寫景罷，寫人間疾苦也罷，在五光十色裏，有意識無意識，或多或少，直接間接，表現的思想感情，簡單化來說，總還有三條積極的主線：愛祖國，反封建，講『人道』」。⑤如此的評價發於中國大陸的七○年代末，無疑是要冒一定風險的，卞之琳對恩師徐志摩的感情可見一斑。

徐志摩教卞之琳時間雖然不長，但給他的影響是巨大的。廢名在抗戰勝利後所寫的《談新詩》講義中談到卞之琳時曾說：「在我們講新詩裏頭雖然沒有講徐志摩，並沒有損失，卞之琳完全發展了徐志摩的文體，這個文體是眞新鮮眞有力量了。」這裏固然有廢名對徐志摩的偏見，但也可見徐志摩對卞之琳的影響之深。

徐志摩常用漢語白話，特別是北京方言寫詩。因爲在他看來「用現代漢語，特別是以口語入詩，都能吐出『活』的，乾脆俐落的聲調，很少以喜聞樂見爲名，行陳詞濫調之實」。卞之琳非常欣賞他用白話寫詩，「即便『自由詩』以至散文詩，也不同於散文，音樂性強，不僅有節奏感而且有旋律感」。卞之琳很敬佩徐志摩敏銳的語言感覺能力，很長一段時間，卞之琳也學著想這樣寫。徐志摩「講普通話以至講京白是能得其神的，雖然也總帶江、浙口音」，（徐志摩選集序）反觀卞之琳雖然在北平也待了一段時間，但可能像卞之琳自己所說的「（他的）學話的本領太差了」，所以不僅沒學上幾口京話，反而一口的「南腔北調」。⑥但好在是「寫」詩，不是讓卞之琳朗誦詩，所以，倒也沒影響卞之琳在詩裏這樣來用，這種影響突出表現在卞之琳這一時期，乃至以後詩中大量出現「兒化音」。如「哪兒」、「小玩藝兒」、「木魚兒」、「顫抖的手兒」、「小孩兒」等等。

在卞之琳的記憶中，徐志摩的出現與消失好似「一顆流星」。一九三一年十一月十九日，徐志摩由南京乘飛機回北平，遇上了大霧，飛機在濟南党家莊附近撞山墜毀，年僅三十五歲的徐志摩遇難。從一九三一年初，回北京大學教課，到十一月十九日他遇難爲止，卞之琳作徐志摩的學生還不到一年。雖然時間不長，但徐志摩對他的「知遇之恩」，在卞之琳心中是終生難忘的。一九四一年他編寫《十年詩草》，就將它題獻徐志摩，向逝世也正好十年的老師「交了卷」。「文革」過後卞之琳重新開始寫作，最早的文章中就有《徐志摩詩重讀誌感》。由於徐志摩其人其詩一九四九年的命運，這篇文章更能體現徐志摩在他心中的分量之重、位置之高。

徐志摩遇難後，本應是卞之琳的第一本詩集的《群鴉集》，也因爲徐志摩的離開，在第二年又逢「一·二八」淞滬會戰，上海新月書店根本無暇顧及。於是本應屬於卞之琳第一本詩集的《群鴉集》終未出版。

卞之琳這個人不愛說話，平時沈默寡言，多是一個人獨來獨往，看書寫詩。白英(Robert payne)回憶當時初涉詩國的卞之琳時說：「卞之琳身材瘦小，……在一間空蕩蕩的屋子裏獨自寫作。房內僅有的裝飾品，是幾本書和一張倒掛在牆上的地圖。他有著老一代學者的冷漠，也有著他們那種不自然的甜蜜的微笑。在很大程度上，他表現出了中國年輕詩人身上所有的優秀品格。他很孤獨，間或有點強悍，但像老詩人一樣溫文爾雅……。」⑦

同學中有談戀愛的，可由於卞之琳「在青年男女往來中更是矜持」，和女同學很少來往。於是他有時只能一個人坐在湖邊的長椅上，看看落日，聽聽雨打在荷葉上，聽聽湖裏的蛙叫，也就很少寫情詩。其實並非卞之琳不寫情詩，只不過因爲他的個性內向，而且表達方式又很含蓄，所以雖然也學著「新月」派的風格寫詩，但卻很少能從他的詩裏看到兒女私情，這也是爲什麼聞一多當面多次誇過卞之琳在年輕人中間從來不寫這類詩的原因。不過，不寫未必不想，正是青春年少，有時還是感到有點孤獨，若有所失，如在卞之琳三年級時寫的《中南海》裏：

……………

我不學沉入回想的癡兒女
坐在長椅上
惋惜身旁空了的位置，
可是總覺得丟了什麼了，
到底丟了什麼呢，
丟了什麼呢？
我要問你鐘聲啊，

你彷佛微雲，沉一沉，

蕩過天邊去。

不過幸好卞之琳愛寫詩，結識了一些愛詩、寫詩的同學，也和「清華、燕京等大學的一些寫詩同學有交往」，後來又和「外地的臧克家從通信中相熟」。有「詩友」相伴，所以這種「百無聊賴」地坐在長椅上的時候倒也不多。在這些詩友中，就有以後和他並稱爲「漢園三詩人」的李廣田、何其芳。

第二節　漢園詩人

卞之琳在一九三〇年秋天從銀宅大豐公寓搬進了東齋宿舍。李廣田和卞之琳最初相識就是在這裏。當時沙灘是北京大學文學院所在地，辦公室和教室就是在迄今還屹立的「紅樓」，樓西是東齋宿舍，樓北越過操場，牆北是松公府的一大片頹垣廢井。李廣田當時也住在東齋宿舍，和卞之琳的房間相隔只幾排小房子。他們雖然是同學，住的又很近，但因爲不同班，平時沒機會接觸，所以最初並不相識。還是到了一九三一年以後，他們彼此讀了分別在不同刊物上發表的詩創作，才開始有了來往。

何其芳在《還鄉雜記·序》裏說：「就在這時候我開始和兩位同學常常往還……在那兩位同學中，一個正在字斟句酌地翻譯著一些西歐作家的散文和小說，另一位同學也很勤勉，我去找他，他的案上往往放著尚未讀完的書，或者鋪著尚未落筆的稿紙……。於是我開始了不分行的抒寫。」這兩位同學指的就是卞之琳和李廣田。當時，每天清晨，卞之琳注意到在東齋前邊的有小樹夾道的狹長庭院裏，常有一位紅臉的穿大褂的同學，一邊消消停停的踱步，一邊念念有詞的讀英文或日文書。經人指出，卞之琳才知道這就是李廣田。同時，在「紅樓」前面當時叫漢花園的那段馬路南邊，常有一人戴著深度近視眼鏡，一邊走一邊抬頭看雲，旁若無人的白臉矮個兒同學，後來認識，原來這就是何其芳。

李廣田和何其芳當時最初都是在以戴望舒爲旗幟的《現代》文學雜誌上發表詩作爲人注意的，何其芳就用他自己改成的這個名字，李廣田是用筆名「曦晨」，別處他常用筆名「洗岑」。（追憶卞之琳師——高慶琪）與「漢園三詩人」其餘兩位何其芳、李廣田不同，卞之琳平時寡言少語，性格有些內向、孤僻，甚至冷漠，但在卞之琳後來的學生，與「漢園三詩人」都有接觸的高慶琪的印象裏，其實這些都是表面現象，「與其（卞之琳）接觸久了，他就會向你滔滔不絕地傾吐心聲」。雖然卞之琳向來不善交際，「在青年男女往來中更是矜持」，但是卞之琳在同學中一旦喜歡了哪一位的作品，卻是有點闖勁，不怕冒失。是卞之琳首先到李廣田的住房去登門造訪的，也是卞之琳首先把何其芳從他在銀閘大豐公寓北院（當時到最後一院羅大岡那裏去所必經的甬道拐角處）一間平房里拉出來介紹給李廣田的。

卞之琳最初認識何其芳，大約已在一九三二年了，他比卞之琳晚一年從上海到北平，時在一九三〇年。何其芳一九三〇年報考清華，結果清華外文系糊裏糊塗就錄取了他。後來一查，他沒有高中畢業文憑，就又把他開除了，第二年他又同時報考了清華和北大，結果都考中了，後來他上了北大哲學系。他當時告訴卞之琳他曾經學過《新月》派寫詩，並且一九三一年在《新月》的兩期雜誌上，用不同的筆名發表了一篇小說《摸秋》和一首長詩《鴛鴦》。卞之琳後來經徐志摩的原因在新月書店出版的《詩刊》（季刊）第二期上開始發表詩與譯詩，算起來應是在何其芳在《新月》（月刊）上發表詩、文以後了。李廣田和何其芳兩位不但能文，也有組織能力，何其芳先和同鄉辦過一個同人小刊物叫《紅砂磧》（格式仿《語絲》和《駱駝草》），李廣田較後和鄧廣銘（當時發表文章署名「鄧恭三」）一起，辦過一個同人刊物叫《牧野》（字已橫排了）。兩個小刊物的名字叫人看得出各有家鄉風味（《紅砂磧》是四川萬縣的一個地名）。

卞之琳和兩位「主編」先生認識後，三人就經常在一起。在他們三個人當中，李廣田是老大哥，他實際年齡比卞之琳大四歲，何其芳比卞之琳小兩歲。他們三個最初以詩會友。後來，無所不談，而在文學方面，談得較多的卻不是詩的問題，而是散文的問題。特別是像英國十九世紀流行的所謂「家常閒話」式散文（familiar essay）。三人當中，只有李廣田最初寫的似還有這路文章的味道，卞之琳認爲自己最不能耐心讀，更不能耐心寫這路文章。李廣田最初有一個時期寫散文最多，寫得確有點像他自己要求的「行雲流水」式，而何其芳最初也在這方面頗有突破。他們兩個在這方面傾注了不少詩情、詩藝。所以，他們兩個出版第一本個人作品都是散文集：李廣田的《畫廊集》和何其芳的《畫夢錄》。很多人因爲卞之琳、何其芳和李廣田合出過一本《漢園集》，往往把他們看成一派。其實，他們個人的風格雖比較接近，可並不完全一致，仍然有一定距離。何其芳的桃李似的豔，卞之琳的精心覃思的別致，都有些近似成熟的晚唐之風。只有李廣田，樸實的北方大地之子，詩抒寫得有時如卞之琳樣跳躍，有時卻自然質樸，如他後來的一系列散文那麼舒展。而卞之琳在三人中不算最年長，寫詩也不是最早，一九三〇年才開始，他該是「新月」與「漢園」之間的橋樑。何其芳早年也受過「新月」的影響，可他一出現，那種光豔就叫新月相對黯然了。卞之琳也一樣大大超越了新月的詩藝水平，雖說雙方在純詩藝的追求上還是前後一貫的。李廣田後來很少，甚至不寫詩，專寫散文了。但是可貴的是三人之間能夠彼此欣賞，據卞之琳講，在三人中，李廣田在度量上尤爲突出。

除了李廣田、何其芳，作爲一名年輕的詩人的卞之琳，這時已經成爲林徽音家的座上客了。林徽音在二十年代就已經在北平的上層文化圈子裏相當聞名了，那時，卞之琳還在南邊上中學，並不清楚。一九三一年，徐志摩將卞之琳的幾首詩帶去用眞名發表在《詩刊》第二期上，而就在這一期，也有林徽音發表的幾首詩，於是卞之琳和林徽音就此相知。在這一年，「九・一八」事變後，林徽音全家遷來北平，卞之琳才和林徽音第一次見面。林徽音雖然年齡只比卞之琳大六歲，但因爲是師輩關係，卞之琳一直將她「尊爲敬佩的長者」。當時林徽音家住東城，卞之琳「當時在她的座上客中是稀客，是最年輕者之一，自不免有些拘束，雖然她作爲女主人，熱情、眞率、談吐爽快、脫俗（有時鋒利），總有叫人不感到隔閡的大方風度」⑧。

卞之琳和他的朋友們時常在一起讀詩，寫詩。詩對於他們是另一種人生，一種不敢輕易公開於俗世的人生。他們以青年特有的敏感洞察世界。時代的蒼白壓在他們的肩上，所以有時吶喊，有時幻滅。卞之琳這一時期的情緒充滿著苦惱和彷徨，並期望能夠爲破碎的生活尋求到一個新的支點。煩憂苦惱意識是人在現實與夢想，生存環境與生命渴求之間的矛盾衝突中所產生的一種強烈的無所傍依的精神狀態。

卞之琳在大一時，開始學法語，讀了一年法文後，自行選讀並選譯少量波特萊爾、魏爾倫、瑪拉美等的象徵主義詩歌。受波特萊爾寫巴黎街頭窮人、老人以至盲人的影響，卞之琳這一時期詩中也常常出現北平街頭灰色的小人物，如算命的、洋車夫、賣燒餅的、叫賣的等等，「常用冷淡蓋深摯，或以玩笑出艱辛」⑨，對於這些象徵派的詩人，卞之琳「覺得他們更深沉，更親切，……就撇下了英國詩」⑩。在一九三一年徐志摩遇難後，卞之琳的英詩課就由葉公超來上了。是葉公超讓當時沉醉於法國象徵主義的卞之琳發現了另外一個世界：「是葉師第一個使我重開了眼界，開始初識英國三〇年代左傾詩人奧頓之流以及已屬現代主義範疇的葉慈晚期詩。⑪」

當時葉公超對現代主義作品和文藝理論的興趣和見識確實超出了一般水平。在第一次世界大戰之後的一九二二年，T．S．艾略特的《荒原》發表。到了一九三六年底，趙蘿蕤在清華大學外國文學研究所讀研究生的最後一年的時候，戴望舒聽說她曾試譯過《荒原》的第一節，就約她把全詩譯出，該書要出版時，趙蘿蕤是請葉公超爲該書作的序。其實早在葉公超爲趙蘿蕤翻譯的《荒原》作序之前的三年，葉公超就寫過一篇相當深入的評論，題爲《艾略特的詩》，發表在《清華學報》上。受葉公超的影響，卞之琳開始逐漸讀起了現代主義詩歌。葉公超也是非常器重這個平時寡言寡語的學生的。在他接編《新月》以後，先後發表了卞之琳《魏爾倫與象徵主義》、《惡之花拾零》等論文和譯作。一九三四年，葉公超曾經約卞之琳翻譯艾略特的著名論文《傳統與個人的才能》，後來發表在新創辦的《學文》雜誌創刊號上。卞之琳將譯稿交給葉公超後，葉公超親自對他的譯文進行了修改，卞之琳後來回憶道：「（葉公超）爲我譯出文前一句拉丁文motto，這不僅多少影響了我自己在三〇年代的詩風，而且大致對三四十年代一部分較能經得起時間考驗的新詩篇的產生起過一定的作用。⑫」的確，這篇論文的影響可以一直推至多年後的穆旦等人，穆旦「對艾略特著名文章《傳統和個人的才能》有興趣，很推崇裏面表現的思想。當時他的詩創作已表現出現代派的影響。⑬」

一方面是徐志摩、聞一多對卞之琳的巨大影響，一方面是接觸法國文學後對象徵主義技法的吸收，加上現在接觸的現代主義詩歌，卞之琳行走在三個不同的詩派中。卞之琳因學習法語接觸到了波特萊爾的象徵主義詩歌，後來又讀了魏爾倫、蘭波、馬拉美等一大批年輕的後期象徵主義詩人的作品。象徵主義強調通過內向性的自我開掘，來咀嚼人生的彷徨憂鬱，表現時代的陰暗情緒，這與後期新月派有某些相通之處。不過卞之琳的詩中還更多表現了現代文明衝擊下的現代人的複雜心緒，這一點，就來自與現代派的影響了。爲什麼卞之琳會對艾略特發生興趣，這裏一方面是有葉公超的影響，但另一方面，正如趙夢蕤說：「艾略特的處境和我們近數十年來的新詩的處境頗有略同之處」。⑭

從新詩的發展史來看，自由的形式和自由的表達，是新詩形式發展的第一階段。但是，由於新詩人是以極端的方式來進行詩歌革命的，致使自由詩在詩歌本體特徵上逐漸淡漠。以聞一多、徐志摩爲代表的新月詩派重新界定詩歌的基本要求，以格律來調整自由詩派的極端做法。但在不斷實踐中，難免失於僵化。卞之琳意識到這個問題，他在思考如何規避掉新月詩派的僵化，而又避免出現自由詩在形式上的散漫。事實也是如此，現代詩派人中很多本來就是新月詩派中人，如戴望舒、朱湘等。他們雖曾經一度追求過詩的形式美和規律美，但是在對外在格律形式的追求過程中很快窮途末路，使他們意識到了格律形式的局限，就轉換了一個方向，向自由體形式方向發展了。

從當時的社會背景來看，中國三十年代上半期，正是現代和傳統的一個轉捩點。農業文明的消亡帶走了很多美好的東西，而且是在被迫的情況下在沿海地區接受了新式的文明。T．S．艾略特的「荒原」以對冷漠的黑暗現實世界絕望和否定而引起了年輕詩人卞之琳的共鳴。卞之琳在北平古城荒涼的街道上徘徊，感觸大都會隱秘的脈搏，體會到了北平的荒涼和種種灰色和黯淡的人生世象，那無邊的寂寞感和絕望感。這一時期的作品（主要後來結集於《三秋草》），可以看出他詩歌創作從新月派向現代派的轉向。比如現代派強調詩在結構上的「現代的排列」，即不遵循思維一般的邏輯關係，而是追求運動和新奇，從一個意象跳到另一個意象，若斷若續，並沒有一定的規律可循，這在卞之琳的詩歌中多有反映。

所以，從卞之琳的詩歌創作及理論中可以感受到英國浪漫主義、法國象徵主義和英美現代主義詩歌的呼吸。更重要的，卞之琳無意中正處在中國現代主義詩歌的轉捩點上，並自覺推動了這種轉折和變化，從而以橋的形式連接了以徐志摩爲代表的新月派，以戴望舒、何其芳爲代表的現代派和以穆旦爲代表的新一代中國現代主義詩歌，而又在詩歌實踐中表現出了強烈的獨立性和完整性，也縮短了中國文學與世界文學的距離。

葉公超將卞之琳譯詩《惡之花零拾》拿去後，發表在一九三三年三月一日出版的《新月》月刊四卷六期。卞之琳用發表該文所得的稿費，於四月初春假時去了青島一趟。卞之琳在青島見了當時還在青島大學任教的沈從文等人。沈從文常常自稱自己爲「鄉下人」，有著「鄉下人」的樸實和豪爽，是一個很重情義的人。兩人見面後，想起徐志摩自是非常傷感。沈從文也因爲卞之琳的《群鴉集》出版無期，許諾過的事又沒有做到，心中覺得很是對不起卞之琳，於是不顧自己手頭拮据，堅持拿出三十元給卞之琳，讓他在北平自己印刷自己的詩集。讓卞之琳非常感動的是，當時沈從文的抽屜裏還放著「八張當票」。卞之琳回北平後，就拿著沈從文給的三十元錢，選編了自己的第一本詩集《三秋草》，當時一共印了三百本，於該年的五月出版，交給新月書店代售。

在卞之琳出版了《三秋草》後不久，卞之琳認識了廢名。廢名是周作人的學生，湖北黃梅人，爲知堂門下四弟子之一。周作人曾經說廢名的相貌「奇特」，在卞之琳接觸過的師輩中，廢名可以說是和徐志摩分別處在兩個不同的極端。徐志摩是瀟灑倜儻，而廢名是僻才，面目清癯，大耳闊嘴，髮型是「和尚頭」式，但又不是完全剃光，衣衫不檢，有點像野衲，說話聲音有點沙啞，鄉土氣十足。卞之琳初進北京大學時，老同學中就常笑傳廢名用毛筆答英文試題的逸事。北京大學過去曾有過聞名的兩派，《現代評論》派和《語絲》派，徐志摩傾向於前者，廢名接近後者，兩人之間互有偏見。

卞之琳一進北大，就在《駱駝草》上讀到廢名的連載小說，開始欣賞廢名的《橋》和《莫須有先生傳》。廢名當時一直試圖以他獨特的方式，把儒釋道熔於一爐，雖然當時魯迅與周作人已經「兄弟失和」，但廢名以前還是有意無意地受到過魯迅的影響，寫了很多帶有地方色彩，反映下層百姓生活的作品。特別是他的小說，裏面有很多社會底層小人物、各種勞動者，以至貧苦無告者。受他影響的人很多，只比廢名小兩歲的沈從文，早年也曾自稱他寫「鄉下」作品受了廢名的影響。卞之琳的第一個小說《夜正深》雖然沒有模仿廢名，但可能兩人故鄉都是在江南水鄉僻地的緣故，《夜正深》中的人物事物風貌，與廢名早期小說《莫須有先生傳》有些相通。而就在這一年，卞之琳在寫《古鎮的夢》時，就曾有意在詩中戲用廢名的一篇小說題作爲一行。一九三七年春，卞之琳在江南，在《淘氣》一首現代變體十四行西式中國口語詩裏，想到廢名小說裏提到過的南方共同的一種風習——小孩在牆上寫「我是忘八」之類叫行人讀了上當，得到啓發，以「我眞淘氣」作結。

卞之琳是在一九三三年大學畢業期間，在沙灘中老胡同廢名住處和廢名第一次見面，從此卞就成爲了廢名的「小朋友」。卞之琳話不多，廢名也好像與人落落寡合，是個「怪人」，可在卞之琳看來，廢名實際上是個「熱腸人」。他對卞之琳的寫作以至感情生活都十分關注，見卞之琳沈默寡言，不寫愛情詩，也沒有什麼「兒女私情」，於是就經常對著卞之琳談禪論道。後來可能是他見卞之琳入「道」無緣吧，還送過卞之琳一部木版《庾子山集》。廢名和卞之琳之間的關係可以說是非常好的。一九三七年廢名寫給在杭州的卞之琳一首《寄之琳》，原文如下：

我說給江南詩人寫一封信去，
乃窺見院子裏一株樹葉的疏影，
他們寫了日午一封信。
我想寫一首詩，
猶如日，猶如月，
猶如午陰，

猶如無邊落木蕭蕭下，——

我的詩情沒有兩個葉子。⑮

卞之琳讀後非常感動，自然覺得詩寫的極妙，就轉寄給在上海戴望舒，發表在他主編的《新詩》上。實際上，廢名要比卞之琳大九歲，因爲中途輟學，所以到卞之琳一九二九年去北京大學讀英文系時，廢名剛從北大英文系畢業。雖然是師兄，又是大哥，但在卞之琳的記憶裏，廢名對卞之琳從來不擺長輩的架子，給卞之琳寫信，甚至還稱他爲「兄」。在以後的時間裏，兩人一直保持著眞摯的友誼。

紅樓的日子過得特別快，在不斷的尋師問友中，在不斷的淺吟低唱中，轉眼就到了一九三三年。這年夏天，卞之琳就要畢業了。這段時間，卞之琳與聞一多接觸日漸也多了起來。同熟悉徐志摩的詩作一樣，當卞之琳還在南方，未到北大時，就已經讀過《死水》和聞一多在上海《時事新報・學燈》上發表的零篇詩作。一九三二年上半年，聞一多在青島大學時，由於對當時校內的爭名奪利現象非常厭惡，並因此受到排擠，遭到人身攻擊，就於暑假後回到了離別十年的清華大學，任中國文學系的教授，當時朱自清是系主任。聞一多爲補貼家用，當時除在清華任教外，還在燕京大學、北京大學、藝術專科學校兼課。卞之琳就是在這時開始聽聞一多的課的，「面聆過他寫詩方面的不少教言」。當年寫《死水》的聞一多心裏的火已經暗暗冷卻下去。聞一多幾乎不再創作了，而是鑽進了古書典籍當中，爲學生們講授《楚辭》、《離騷》，將研究的重點轉向於中國古典文史考證。

一九三三年的夏天，因與卞之琳互通信件而認識的遠在山東的臧克家編出詩集《烙印》，托卞之琳依照《三秋草》的體例在北平印刷，卞之琳就找李廣田幫助著買紙張，設計封面，看校樣，和北京大學印刷所（當時在「紅樓」地下室）接洽印刷、裝訂的事宜。爲臧克家詩集《烙印》寫序，卞之琳多次去清華西院聞一多家裏拜訪，在這段時間，卞之琳和聞一多日漸接觸多了起來，卞之琳日後回憶到與聞一多的交往時寫道：「話，我都記不清了，只感到我大有教益。儘管他出語時顯得偏激，胸襟卻是十分寬博。⑯」就外來影響說，聞一多寫詩，主要受過英國十九世紀詩、特別是浪漫詩的一些影響。聞一多自己講究格律，但是他也完全不排斥當時卞之琳同時試寫的自由體。但是他會就卞之琳寫的一首鬆散的自由詩，不自覺的加了括弧裏的一短行，爲卞之琳指出好象暈色法的添一層意味的道理。

當時詩壇一直在爭論，新詩到底應走自由化的道路，還是走格律化的道路？聞一多是贊成後者的，他不僅用理論，而且用實踐嘗試創造新的格律，即他提出的「音尺」論。在格律的主要倡導者聞一多那裏，新詩的格律是以古典詩律爲隱含的對比物件的，並且他的格律方法較多地取自西詩的音律。這對卞之琳有很大的影響，在日後的創作實踐和理論總結中，卞之琳也一直試圖這樣做，在繼承「音尺」說的基礎上，卞之琳形成了他以後有關詩的格律的主張，漸漸領悟到所謂「音尺」即「頓」，才是詩行節奏的關鍵。

聞一多對卞之琳是頗爲欣賞的，在此時和以後，聞一多曾經多次稱卞之琳爲「技巧專家」（雖然並非全是褒義），對其不寫情詩、未走上象牙塔表示讚揚。從徐志摩到聞一多，兩位新月詩人給予了卞之琳持久的影響。香港學者張曼儀說：「徐、聞諸人給他的影響，說得上持久的有兩點：第一就是能夠戲劇性地描繪一個場面，第二就是能夠靈活地運用口語。」事實上還可以加上第三點，即她後來說的「能夠接受而且受用無窮的格律的制約⑰」。

卞之琳晚年論及徐志摩、聞一多的詩，特別稱道二位所使用的「活的語言」，數篇之中，三致意焉。他說：《志摩的詩》和《死水》，雖然風格不同，一則輕快，一則凝重，雖然同樣「拿來」西詩格式，也羼入一些文言詞藻，但用現代漢語，特別是用口語入詩，都能吐出「活」的，乾脆俐落的聲調，很少以喜聞樂見之名，行陳詞濫調之實。卞之琳受徐、聞影響，堅持用圓順洗煉的口語寫有規律的詩行，他的詩中，充滿了「同意和反對」、「肯定和補充」、「問和答」的關係，充滿了疑問、祈使、感歎、反詰的語氣，這即表現了戲劇性地對一個場面的描繪，通過造成對比的形勢，產生戲劇性的衝突效果。又爲口語的使用留下衆多的餘地。

雖然聞一多早年寫過不少愛情詩。但在卞之琳和聞一多相處的這段時間裏，聞曾經當面多次誇過卞之琳在年輕人中間從來不寫愛情詩。卞之琳在談到這一問題時說：「當初聞一多曾經面誇我在年輕人中間不寫情詩。我原則上並不反對別人寫愛情詩，也並不一律不會欣賞別人寫的這種詩。只是我一向怕寫自己的私生活；而正如我面對重大的歷史事件不會用語言表達自己的激情，我在私生活中越是觸及內心的痛癢處，越是不想寫詩來抒發」⑱。

情動而發爲詩，寫詩的人總是感情豐富的，但卞之琳「總怕出頭露面，安於在人群裏默默無聞，更怕公開我的私人感情」。所以卞之琳這個時期，幾乎沒有明確在詩中出現過有關愛情的意象，但不抒發，未必沒想過，正如卞之琳所說：「這時期我更多借景抒情，借物抒情，借人抒情，借事抒情」。卞之琳總體上來說不是一個激情澎湃的人，但也不能說他感情淡薄；只不過他的理智更強，能在某種程度上控馭他的情感，即使在情感爆發如野馬時，也能手持理智的轡繩控馭得住。他曾坦白承認，他也有「不能自已的時候」；但他的特點是，在那樣的時候，「總傾向於克制，彷佛故意要做『冷血動物』。」這種克制一直到一九三三年的初秋，卞之琳可能感到無法再克制了。

第三節　北京故事

卞之琳畢竟不是眞的「冷血動物」，他之所以不寫愛情詩，更大程度上要歸結爲，卞之琳自己所說的：「事實上我當時逐漸擴大的私人交遊中，在這方面也沒有感到過這種觸動」。不過，很快的，就在卞之琳剛剛畢業的北京的那個初秋，「例外也來了。在一般的兒女交往中有一個異乎尋常的初次結識」⑲，這件事還要從靳以、沈從文談起。

一九三三年對於北平文壇來說是重要的一年。以前因爲張作霖一九二八年進駐北京，北京文人紛紛南下，導致北京文壇空前冷落。在一九三三年前後，這一批文人又紛紛重返北平，而且鄭振鐸、巴金和靳以也從南邊來到北平，他們辦起《文學季刊》和《水星》。後來，沈從文又隨楊振聲赴北京參與由楊主持的教育部中小學教材編選委員會工作，並經楊振聲的推薦，從吳宓手中接編《大公報》文藝副刊。《水星》、《駱駝草》、《文學季刊》、《晨報》和《大公報》文藝副刊等諸多媒介，聯合了周作人、吳宓、鄭振鐸、楊振聲、朱自清、朱光潛、沈從文、林徽音、曹禺、卞之琳、李廣田、蕭乾等一大批新老作家，最終形成了一九三三年京派文學的異軍突起，也進而形成了足以與上海的海派文壇相抗衡的京派文學陣營。

在一九三二年，卞之琳就認識了巴金和靳以。一九三二年靳以從上海復旦大學畢業，到天津老家轉了一轉後，當時剛從上海北上改教燕京大學的鄭振鐸，準備辦大型刊物《文學季刊》，就約靳以過來幫忙。編輯部就租在現在北海南門外東側的三座門大街十四號。在一九三三年的秋天，卞之琳就是在這裏與靳以、巴金見了第一面。當時三座門大街十四號儼然成了一個小型的文人交流中心。卞之琳，曹禺、何其芳、蕭乾，以及後來到北平的沈從文都是這裏的常客。

沈從文在一九三三年初，與張兆和訂婚後同去青島，青島大學放暑假的時候，楊振聲約沈從文到北平去編中小學教科書，於是沈從文和張兆和同到北平，暫居楊家。九月份兩人結婚，新居就在西城達子營，一個小院落，當時張兆和的妹妹張充和也住在這裏。張充和當年被北大中文系錄取，剛從蘇州來北京，學校還沒開學，就先住在姐姐、姐夫家裏。張家姐妹的曾祖父張樹聲在清同治年間曾在蘇州任江蘇巡撫，後升任兩江總督等職，後來舉家搬到蘇州，算是望族。沈從文極愛朋友，來人不斷，更多的是年輕人，卞之琳也是這裏的常客。一九三三年初秋的一日，巴金、靳以、卞之琳來沈從文先生家裏小聚。卞之琳就和張充和見了第一面，這次結識，在卞之琳看來，是「一般的兒女交往中」的一個「異乎尋常的初次結識」。

一向理性的卞先生第一次動了情，北平今年的這個秋天，在年輕的卞之琳心中，格外的難忘。

卞之琳的詩風很像李商隱，晦澀、深隱。他也很喜歡李義山，喜歡李詩中描繪的「心有靈犀一點通」的感覺。這種感覺，在他與張充和相識後，好像是找到了，卞之琳感覺他與張充和之間「顯然彼此有相通的『一點』」。

張充和才貌雙全、活潑開朗。據張充和的二姐張允和講：「四妹喜歡小紅帽，在北京大學念書時同學們叫她『小紅帽』。小紅帽很淘氣，有一次到照相館特意拍了一張歪著頭睜一隻眼閉一隻眼的古怪照片，又拿著這張照片到東吳大學的游泳館辦理游泳證。辦證人員說，這張照片怎麼行，不合格。她裝出很奇怪的樣子說『爲什麼不合格？你們要兩寸半身，這難道不是嗎？⑳』張充和喜歡穿男式服裝，特別擅長書法和昆曲（後來在美國的大學裏，也傳授此道）。而當時卞之琳是怎樣呢？阿克頓在回憶對卞之琳的交往時說：「一九三三年，卞剛從北大畢業，可是看上去只像十八歲上下。他體質纖弱，架著眼鏡，神情有點畏縮，但我們談到詩歌的時候，臉孔就會泛起興奮的紅潮。我較爲雄健奔放的風格也許嚇怕了他：他難得放開矜持，除了偶然向我請教有關紀德或另一個他在翻譯的歐洲作家」㉑。

當時靳以懂一點昆曲，常和幾個年輕朋友，自然也少不了喜歡昆曲的張充和與弟弟張宗和，一起雇幾輛洋車去吉祥戲院或者前門廣和樓戲院看北昆韓世昌、白雲生昆曲班子演出。

卞之琳也和他們去了幾回。晚年他回憶起來寫道：「（這些日子）至今回想起來還別有風味」。而喜歡聽昆曲的習慣則被卞之琳終生保持。也許是因爲卞之琳與張兆和都來自江南、都在北大上學、都愛好文藝，所以兩人挺談得來的，卞之琳的內心感覺可能更深刻，他找到了「心有靈犀一點通」的感覺。但一向理智的卞之琳不敢肯定對方是否也有那份意思，活潑開朗的張小姐是不是對別的男士也是那麼熱情、那麼大方呢？他思來想去，懷疑加深了他的猶豫徘徊。卞之琳晚年回憶當時的情景時：「由於我的矜持，由於對方的灑脫，看來一縱即逝的這一點，我以爲值得珍惜而只能任其消失的一顆朝露罷了。」看來，雖然他對張小姐有好感，但張小姐對他表現得並不積極、熱情，他可能也感覺到兩人性格上的較大的差異，所以他對這事從一開始就不太抱希望。如果他決定追求的話，他就不會說「任其消失」，更不會說「值得珍惜」之類的話了；因爲我們所珍惜的往往是已經消失的東西，哪有珍惜還沒得到的東西呢？他隱約預感到自己的追求不會有收穫，因爲他明白，自己「向來不善交際，在青年男女往來中更是矜持」，在這種拿捏不准、把握不定的事情上，他是寧願往後退，也不願往前闖的。本來，那年夏天，他剛剛大學畢業，是準備留在北平，以翻譯爲生的；但他決定趁自己還沒有深陷情網，趕緊逃避。這時，正好曹禺因爲要入清華大學研究生院讀書，他動員好朋友卞之琳代替自己去當時河北的省府所在地保定的育德中學教書。卞之琳乘機就去了保定。在保定時，卞之琳寫了《秋窗》、《古鎮的心》、《入夢》、《煙蒂頭》等。不知道是因為思念北平的文化氛圍，還是思念張小姐；卞先生在保定只待了一個學期，就「因校課過於繁重，學期結束後便辭去教職」，於一九三四年初返回北平。卞之琳到底為什麼要回北平，自然和他在北平生活時間長，朋友和師長都在北平有關，但和這位張小姐到底有無關係，卞之琳沒有講。不過，等他回到北平後，張充和已經從姐夫沈從文家裏搬到景山東街北京大學的女生宿舍。他們倆見面的機會不是很多了。而那一段時光在卞之琳心中幾成了三座門生活的絕響。在此後的一段時間，他似乎將感情的新芽深藏在了心底，對張小姐沒有言行方面的明顯表示；卞子琳在戀愛上心動要多於行動，正如他寫詩時動腦要多於動筆；他在寫詩上暗示要多於直白，在戀愛上恐怕也不喜歡表白。所以這份不明不白的情事似乎就要自生自滅了。

巴金平時不苟言笑，只是有時和靳以互相開幾句玩笑抬槓。蕭乾也經常到三座門十四號串門，當時他還在燕大讀書，也許因為他從小送牛奶出身，被卞之琳戲為有善於跑腿的美德。卞之琳後來將去日本時，因為卞平時只穿中服長衫，於是就定做了一套西服，準備在天津上船後穿。朋友們送卞之琳到北京東站時，才想起西服忘記帶上了。蕭乾自告奮勇騎自行車趕回三座門代他取回西服，及時趕到車站，大家鬆了一口氣。黃裳也是三座門的常客，是黃裳見到不知從靳以手裏還是從三座門的廢紙簍裏撿到的卞之琳的諷刺詩《春城》原稿，日後到香港投寄給《開卷》雜誌影印出來。

除了三座門，當時北平文人圈裏聞名的還有兩個「沙龍」，「沙龍」中去的大都是文壇鉅子，社會名流，卞之琳也是這兩個「沙龍」座上的常客。其中一個就是前面提到的位於北總布胡同三號四合院林徽音家的「太太客廳」，另一個就是慈慧殿三號的朱光潛和梁宗岱在景山後面的寓所，它也是與「太太客廳」當時同樣有影響的文化沙龍。沙龍的主持人是朱光潛，他於一九三三年七月從歐洲歸國後，應胡適之聘，出任北京大學西語系教授。朱講西方名著選讀和文學批評史，同時，還在北大中文系、清華大學、輔仁大學、女子文理學院和中央藝術研究院等處，主講文藝心理學和詩論。沙龍每月集會一次，朗誦中外詩歌和散文，因此又稱「讀詩會」，卞之琳在這裏經常遇到冰心、朱自清、梁宗岱、馮至、鄭振鐸、孫大雨、周作人、沈從文、何其芳、蕭乾，還有英國旅居中國的詩人尤連・伯羅、阿立通等人。「讀詩會」形式活潑，大家可以隨心所欲地爭論問題。

卞之琳在北平的這段時期，主要是以翻譯發表外國文學作品和新詩創作的稿酬來維持生活，一直到一九三七年抗日戰爭全國爆發爲止，文學翻譯成爲了他謀生的主要手段。而譯作多以眞實姓名及筆名「季陵」、「林遲」、「林達」等發表於天津《大公報・文藝》副刊，後來大部分收入《西窗集》。

在卞之琳的朋友中，李廣田在度量上尤爲突出。也就在李廣田的這點感染下，他們在一九三四和一九三五年間和經常往返北平、上海之間的鄭振鐸、巴金兩「大」家（「大」氣魄、「大」氣量作家）相處很好。當時在這兩位的掛帥下，由靳以獨力編輯《文學季刊》及其附屬月刊《水星》，《水星》後來由卞之琳主要負責編輯，《水星》的誕生極富詩意——「刊物名字太難取，我們那一晚在某處座談，也許是舉頭見星，低頭見水的緣故，有人提議叫作『水星』，大家覺得還來得別致，『水星』就『水星』吧。」後來，卞之琳一九八三年春在《讀書》上寫了《星水微茫憶〈水星〉》」，這是《讀書》的一個懷舊的欄目。在此文中，他落實了這個「某處」是北京北海公園的五龍亭——「因爲不是月夜，對岸白塔不顯，白石長橋欄杆間只偶現車燈的星火，面前星水微茫，不記得是誰提出了《水星》這個名字……」當年的北海三座門大街十四號前院南北屋各三間，聚集著文壇最優秀的一群人。不論是京派還是海派，不論是激進還是保守，在卞之琳編輯《水星》過程中，並沒有利用刊物當時的一定影響，排除不同詩風，抱門戶之見。鄭振鐸後來在編《我與文學》時，收入了卞之琳的《我的〈印詩小記〉》，後由上海生活書店出版。一九三四年，鄭振鐸編《文學研究會創作叢書》，也要收卞之琳的一本詩集，登了預告，預告說要出卞之琳的《蘆葉集》，但後來改在商務印書館出，卞之琳自嫌詩集太單薄，就約何其芳、李廣田自選同屬早期的一些詩作，合湊成一本《漢園集》，題記上寫：

這是廣田、其芳和我自己四、五年來所作詩的結集。我們並不以爲這些小玩意兒自成一派，只是平時接觸的機會較多，所寫的東西彼此感覺親切，爲自己和朋友看起來方便起見，所以擱在一起了。我們一塊兒讀書的地方叫「漢花園」。記得自己在南方的時候，在這個名字上著實做過一些夢，哪知道日後來此一訪，有名無園，獨上高樓，不勝惆悵。可是我們始終對於這個名字有好感，又覺得書名字取得老氣橫秋一點倒也好玩，於是乎《漢園集》。

小小的三人詩選《漢園集》，成爲北大「校園詩人」一個殊榮的象徵。最爲理解這批年青的「少數前線詩人」的批評家李健吾，對於他們的先鋒精神作了這樣充滿熱誠的肯定：「但是，這群年青人站住了，立穩了，承受以往過去的事業（光榮的創始者，卻不就是光榮的創造者），潛心於感覺醞釀和製作。他們的生命具有火熱的情緒，他們的靈魂具有清醒的理智；而想像做成詩的純粹。他們不求共同，回到各自的內在，諦聽人生諧和的旋律。」在出版《漢園集》以前，一九三五年卞之琳爲巴金在文化生活出版社編的《文學叢刊》第一輯湊成了自己的一本小詩集，叫《魚目集》，當年就先出了。

這一段時期的生活，對於卞之琳是難忘的，一方面是愛情的悄悄萌芽，一方面同當時文壇名流的交往，使得卞之琳眼界開闊了許多，卞之琳自己回憶道：

由於編輯工作，更由於作爲編委的鄭振鐸、巴金兩位熱腸人的影響下，我從學院到文壇，從北平到上海，開闊了一些眼界，開廣了一些交遊㉒。

【註　釋】

①卞之琳《雕蟲紀歷．序》，見《雕蟲紀歷》，人民文學出版社，一九七九年版。

②同上。

③卞之琳《徐志摩詩重讀誌感》，見《人與詩：憶舊說新》，三聯書店一九八四年一版，頁二〇。

④同上。

⑤同上，頁二二。

⑥卞之琳《尺八夜》，見《滄桑集》，江蘇人民出版社一九八二年版，頁二。

⑦白英編《當代中國詩歌》，轉引自周發祥《英語世界裏的卞之琳》，見《國際漢學》，頁四四。

⑧卞之琳《窗子內外：憶林徽音》，見張曼儀編《卞之琳》，人民文學出版社一九九五年版。

⑨同①。

⑩卞之琳《開講英國詩想到的一些體驗》。

⑪卞之琳《赤子心與自我戲劇化：追念葉公超》，引自《地圖在動》，珠海出版社一九九七年版，頁二八六。

⑫同上。

⑬周珏良《穆旦的詩和譯詩》，引自《一個民族已經站起來了》，江蘇人民出版社一九八七年版，頁二〇。

⑭趙夢蕤《艾略特與〈荒原〉》，見《我的讀書生涯》，北京大學出版社一九九六年。

⑮卞之琳《馮文炳選集序》，見《人與詩：憶舊說新》，三聯書店一九八四年一版，頁五七。

⑯卞之琳《完成與開端：紀念詩人聞一多八十生辰》，見《人與詩：憶舊說新》，三聯書店一九八四年一版，頁六。

⑰張曼儀《卞之琳著譯研究》，香港大學中文系一九八九年出版，頁一七。

⑱同①。

⑲同上。

⑳張允和等《張家舊事》，山東畫報出版社一九九九年六月版。

㉑阿克頓《唯美主義的回憶錄》，轉引張曼儀《卞之琳著譯研究》，頁三六。

㉒卞之琳《生平與工作》，見《中國現代作家傳略》，四川人民出版社一九八一年五月版，頁七一。

第三章　低吟淺唱（下）

第一節　寂寞心緒

卞之琳在這一時期對西班牙作家阿左林發生了興趣，他是這樣描述他爲什麼喜愛阿左林的：「從他的作品裏，如同一切眞摯的作品裏，我增得了對於人，對於地的感情，也增得了對於西班牙的感情，也就增得了對於本國的感情。」而在《譯阿左林小品之夜》一文裏，也說：「『這是異邦呢，還是故國？』都是的，在我。我是中國人。譯這些小品，說句冒昧的話，彷彿是發洩自己的哀愁了。」

不僅僅是因爲文章的藝術，更重要的是因爲阿左林對他的西班牙故國的描寫，使卞之琳聯想到自己正在破落的故國，因而，讀譯阿左林對自己故國日漸衰敗景象的描寫和抒情，對卞之琳來說，也就有了借他人酒杯澆自己心中塊壘的意義了。

這一時期他的詩作也表現出與前期不同的風格，雖然卞之琳把自己的詩自貶爲雕蟲小技；

但他有他獨特的擴展，那是在構思上，他使詩的跳蕩速度與意象距離大大加快、加大，如《距離的組織》，就在冷靜裏飽含著一種興亡之感與時間變幻的情思：

想獨上高樓讀一遍《羅馬衰亡史》，
忽有羅馬滅亡星出現在報上。
報紙落。地圖開，因想起遠人的囑咐。
寄來的風景也暮色蒼茫了。
（醒來天欲暮，無聊，一訪友人吧。）
灰色的天。灰色的海。灰色的路。
哪兒了？我又不會向燈下驗一把土。
忽聽得一千重門外有自己的名字。
好累呵！我的盆舟沒有人戲弄嗎？
友人帶來了雪意和五點鐘。

這詩寫於亡國危機日益迫近的一九三五年，當時的局勢叫身處古都危城的詩人不免起了深深的興亡之感。而羅馬帝國傾覆時因爆炸而突現的燦爛星辰的光芒，直到一千五百年後才傳到地球上，這時間的縱的距離可多麼久遠！這顆滅亡的星辰也顯然傳導出一種宇宙時空的久遠與闊大的變幻感覺，一種深沉的感慨。可接下去卻是眼前的現實：「報紙落，地圖開，因想起遠人的囑咐。」歷史的久遠涉想垂直落到了眼前的情景，蒼茫的暮色中。之後，詩人又進入了夢境，恍惚中不知道到了哪兒，很想抓一把土看看在什麼地方；又彷彿聽到有人在敲門，在「一千重門外」，多麼遙遠，多麼恍惚！覺得好累，怕自己遠行的幻想的盆舟遇到了戲弄而傾側；可懸想中的友人終於來了，帶來了門外的雪意與五點鐘的現實時刻。這一首詩不過十行，可詩人的縱橫馳騁的意識跳動得多麼頻繁，這正是詩人說的「小說化」，「戲劇性」處理。他眞是在編織一個幻想的蛛網！

幻想畢竟是幻想，卞之琳還是不得不爲生計奔波，在一九三五年三、四月間，因爲編務繁忙，卞之琳準備赴日本京都，擬潛心趕譯中華文化基金會編譯會約譯的英國現代傳記文學作家斯特萊切的《維多利亞女王傳》。北大同學吳廷璆已於前兩年轉學日本京都帝國大學歷史系，在京都東北郊租住帝國大學物理助教家樓上兩間小房。卞之琳是由天津乘船至日本神戶，吳廷璆去接他，第二天吳廷璆帶卞之琳到日本東京遊覽，並看望當時旅居日本的巴金和梁宗岱、沉櫻夫婦，然後游江之島。當時中國留學生，特別是進步學生，都各有日本便衣員警監視，隨後僞滿皇帝溥儀訪日，對中國留學生的監管更爲嚴密。卞之琳一到日本即受便衣員警注意，在由神戶去京都的火車上專門監視吳廷璆的便衣員警一直跟蹤著他們兩人。卞之琳由江之島回到京都，一到即爲警署傳詢，當時卞之琳的住處已被搜查，員警拿去了卞之琳的一些私人信件和照片。卞之琳因爲不懂日文，需要翻譯，所以傳詢達三小時之久卞才獲釋，後作《在異國的警署》一詩，收在《魚目集》中。

經歷了這一場風波之後，卞之琳在京都住了下來，每日潛心譯書，在五月的一個夜裏，約莫晚上兩點鐘的時候，已經睡著的卞之琳突然被驚醒了，他聽見樓下前門口有人叫嚷。卞之琳一到日本就無端到警署走過一遭，現在自然有點惴惴然，就輕輕地敲敲薄薄地一層隔板，喚醒了吳廷璆。他心裏又想到一九三二年和吳廷璆住北平西山碧雲寺時，夜半雨中同聞二犬狂號，令人毛髮悚然地一幕。現在的情景有些相似，又有些不同，這是在異國的土地上。原來是住樓下的房東喝醉了，在和人爭吵，過了一會，叫嚷聲平息了，房東也進了屋。不久，卞之琳就聽到了裏間房屋裏，尺八聲在這個夜深人靜的夜晚應聲而起。房東喝醉後在吹尺八，這聲音哀婉低沉，讓卞之琳感到即陌生又親切，於是不由地勾起了他的思緒。

人在這種哀怨的情緒裏，特別是卞之琳常年身在異鄉，而此刻又在隔著大洋的東瀛，自然特別容易勾起那心中沉澱的鄉愁。卞之琳自己寫道：「說來也怪，我初到日本，常常感覺到像回到了故鄉，我所不知道的故鄉」。卞之琳在日本，看到京都的景物，頗似江南，而自己又長年在北平，所以「在北地的風沙中打發了五、六個春天，一旦又看見修竹幽篁、板橋流水、楊梅枇杷、朝山進香、迎神賽會、插秧採茶，能不覺得新鮮而又熟稔！①」卞之琳的作品裏少有回憶兒時生活的，但是他敏感心靈的深處，依然珍藏著童年美好的時光。他在《尺八夜》中寫道「彷彿回到了童時的境地，……雖然我生長的地方是江海間一塊只有一二百年歷史的新沙地，住的百分之八九十是南岸來避難或開墾的移民，說不上羅曼蒂克。」遠在異鄉的他，特別是在日本的種種遭遇，觸動了他內心深處的鄉愁。耳邊聽到尺八的輕奏，卞之琳覺得「單純得尺八像一條鑰匙，能為我，自然是無意的，開啓一個忘卻的故鄉……誰把它像無線電耳機似的引到了我的枕上了？」此刻躺在床上的卞之琳一反常態地突然說：「吳廷璆，我悲哀。」

可能當晚的感覺對於卞之琳來說是如此地難忘，卞之琳最終在六月十九日，寫出了《尺八》一詩，發表于同年十一月二日天津《大公報・文藝》副刊及《新詩》創刊號（一九三六年十月十日）。發表後曾引起了一些猜測，卞之琳為此寫了一篇「題記」似的文章，發表于他與戴望舒們合編的《新詩》上，對這首詩加以解釋。這首《尺八》洋溢著一種思古的幽情，詩意濃郁，大異於詩人大部分詩中的那種冷漠。

像候鳥銜來了異方的種子，

……

三桅船載來一枝尺八，
尺八乃成了三島的花草。
（爲什麼霓紅燈的萬花間，
還飄著一縷淒涼的古香？）
歸去也，歸去也，歸去也——
海西人想帶回失去的悲哀嗎？

蘇曼殊有一首古詩裏曾抒寫到「春雨樓頭尺八簫」，那是唐人創制的一種簫管，長一尺八，故稱「尺八」。唐代有許多日本人來帝都長安求學，這「海西頭」該就指的是唐代的中國。可現在，卞之琳這「海西客」，卻乘日本的海船「長安丸」來到日本的古都，夜半聽著樓下有醉漢吹起尺八，就不禁想到古代那個「孤館寄居的番客」聽雁聲「得了鄉愁」，卻「得了慰藉於鄰家的尺八」，第二天就去當時繁華的長安市上「獨訪取一枝淒涼的竹管」。這兒，詩人又在括弧裏回到了眼前的現實，覺得「霓虹燈的萬花間／還飄著一縷縷淒涼的古香」，拿現代的霓虹燈與淒涼古都的古色古香作了時間上的今昔對比，而又統一於詩的聯想。之後又回到對古昔的幻想，以三個重疊的「歸去也」抒寫了古代那個日本「番客」的懷鄉與帶了尺八歸鄉，叫「尺八成了三島的花草」，因爲我們這古國早已沒有了。又一個括弧，重又抒寫了現代這日本古都的霓虹燈間還飄著一縷縷淒涼的古意。最後又是三個「歸去也」，這回是詩人自己，一個「海西人」在懷鄉，有了深深的歸思，他想帶回這一枝尺八，那久久失去的悲哀的樂音嗎？詩人像是在詰問自己！

這二十行詩裏顯然有著一種我國古典詞的色調與重疊反覆的節奏；而詩人的詩思忽古忽今，忽幻想忽現實，在不停地迂迴、上下；忽徘徊，忽飄飛，沉靜而又多變幻，意識在迅速飄行，忽飄忽，忽又凝定；而情調則一貫是東方式的哀愁，據詩人自己的注，這是對我們這古國「式微的哀愁」。

卞之琳寫完《尺八》不久，就於當年的七月自日本回國，到北平交《維多利亞女王傳》譯稿。可能是到日本的遭遇和心境的影響，在他的朋友們看起來，卞之琳比出國前要消瘦許多，也蒼老了許多。卞之琳呢，「回到故國，覺得心裏十分空虛」，後來又接到吳廷璆的來信，又勾起了對日本風物的回憶，「非常懷念那邊，想仍然回到那邊去，彷彿那邊又是我的歸宿了。」不過幸好，「以後這一切都淡了下去。」

卞之琳的這種思緒，自然是「有感而發」。當時隨著戰事的發展，北平逐漸成了邊陲城市。《水星》結束了，《文學季刊》停辦了，靳以也準備南下上海另辦刊物。卞之琳面對當時的局勢，寫道：「即使當時還未覺醒的我們這些人，也至少總感到北平不好長住了。一九三五年夏天，廣田和其芳都從大學畢業，我從日本京都旅居五個月，譯完一部書後回到北平，那已經是在『華北特殊化』以後」。而與張充和的接觸，似乎對於卞之琳也是困難重重，張小姐不知是由於大意，還是由於無意，或許是由於年幼缺乏經驗；總之也沒有琢磨卞之琳在跟她交往過程中言行的異樣處。確實如卞之琳所說，「……私下裏做好夢，因此，對於自己的愛，總是表現的很隱蔽，這也就使得被愛者可能難以覺察」。張四小姐可能覺察出了卞之琳對她的好感，但要讓她感知卞之琳內心深處的秘密，恐怕不太可能。難怪卞之琳發出了感慨：「我們已經難續北海三座門（《文學季刊》編輯部）和北京大學東西齋之間我們經常來往的舊夢了②」。卞之琳對於他夢想的愛情，是越來越想放棄了。

當時李廣田已經回到山東，準備在濟南省立第一中學教書，給卞之琳寫信約他去那裏相鄰的另一個學校任教。卞之琳想想當時北平的局勢和自己那看似越來越遠的愛情，北平似乎越來越待不下去了，儘管這裏有許多值得他留念的東西。一九三五年秋初，卞之琳來到了濟南省立高級中學教書。李廣田在相鄰中學任教，兩人經常來往。李廣田和卞之琳的宿舍之間只有一個小門之隔，來往很方便，兩人還一起到泰安（李廣田的夫人在此教書）同遊了泰山。

張充和在這年生了一場病，在北平西山休養過一段時間，後來一方面因爲時局不穩，一方面因爲身體原因，也在當年就回蘇州了。

卞之琳在日本寫的《尺八夜》後來發表於由戴望舒創辦的《新詩》創刊號（一九三六年十月十日），卞亦應邀列名編委。早在一九三二年五月一日，施蟄存、杜衡、戴望舒編輯《現代》雜誌，刊載相當多的詩歌，詩風大致相同，所以當時稱之爲現代詩派。後來戴望舒去了法國，直到一九三五年春天由巴黎回國。而這一年《現代》雜誌停刊，於是一九三六年戴望舒又創辦《新詩》雜誌，並邀北方卞之琳、馮至、孫大雨、梁宗岱等參與編務，這促進了現代詩派的進一步發展。而在現代派詩人中，卞之琳可謂是「化歐化古」做的最有成績的。

卞之琳的父親曾任過塾師，卞之琳很小的時候就在課餘隨父親讀「千家詩」。後來又上了滸通鎮袁氏國文專修學校，補習國文，讀《孟子》、《左傳》等經籍書刊。卞之琳的這一代人的國學底子是相當好的。而卞之琳後來接觸了大量的象徵主義詩歌，爲他在創作中融會貫通，「化歐化古」創造了條件。劉勰在《文心雕龍．神思》篇中曾有「窺意象而用斤」之說，並將其看作「馭文之首術，謀篇之大端」，中國古代詩歌一個最重要的傳統就是簡練與含蓄，而意象的運用，正是形成這一傳統的重要手段。英美詩歌的形成，既受到法國象徵派詩歌的影響，又受到中國古典詩歌的啓發，意象派的創始人龐德在探索「意象」時，就從中國古典詩詞中吸收了很多營養。

雖然現代派難免在不斷的發展中也走向了自身創作的歧途，這也很好理解，事實上在事物的發展上出現「矯枉過正」是正常的，不這樣也很難在不斷的否定中前進。蘇汶在一九三二年爲《望舒草》作序時說：「人往往會同時走向兩條絕對背馳的道路：一方面正努力從舊的圈套逃脫出來，而一方面又拼命把自己擠進新的圈套，原因是沒有發現那新的東西也是一個圈套。」這不僅是針對戴望舒而言的，而是針對整個現代派說的③。但在卞之琳的創作實踐中，表現出的對詩歌革新之路的選擇與戴望舒等人所強調的「自由」在格律取向上是不同的。卞之琳是比較自覺地繼續沿著格律詩的思考和實驗，將問題更加深入的思考，他在力矯五四自由體詩之弊，多取新月強調的「新格律」之長的基礎上，強調詩的藝術性，不是爲形式而形式，而是追求形式的有意味性，建立起了自己的精緻而又新奇的新詩形式。在吸收象徵主義營養的基礎上，卞之琳良好的傳統文化底子，要求他尋找到象徵主義與中國民族傳統的結合點。一方面象徵派注重隱喻、注重感覺、注重意象、注重暗示和跳躍性的創作實踐，給了他們很大的啓發。另一方面，李金髮等人對法國象徵主義的流於外部形式與技巧的模仿，也引起了卞之琳的反思。在他的創作實踐中，特別是在意向上，他試圖將象徵主義與中國的民族生活很好結合起來。

古代律詩的「起承轉合」的結構規律，使卞之琳很自然地對西方十四行體詩產生了興趣，王佐良說：「他（指馮至）同卞之琳爲什麼選擇了西洋的十四行體詩？難道不是因爲在十四行體同中國的傳統律詩之間有著相當多的結構和用意上的相似處？④」十四行體詩的結構「大都是有起有落，有張有弛，有期待也有回答，有前提也有後果，有穿梭般的韻腳，有一定數量的音步，他便於作者把主觀的生活體驗昇華爲客觀的理性，而理性裏蘊蓄著深厚的感情」⑤。

卞之琳從十九世紀的波特萊爾、魏爾倫、馬拉美轉向了瓦雷里等後期象徵主義詩人，並且努力追求西方象徵派與我國古代詩歌所共有的「親切」與「含蓄」的詩風。把西方的手法與中國古代詩詞的藝術方法有機的結合在一起。不是讓情緒赤裸裸地宣洩出來，而是用巧妙、含蓄的筆觸描出來。比如那一首著名的《斷章》：

你站在橋上看風景，
看風景人在樓上看你。
明月裝飾了你的窗子，
你裝飾了別人的夢。

雋永飄逸，情趣和人生哲思相諧，越讀越有滋味。多年來，這四句詩所引發的評說、議論、讚譽眞可說是洋洋大觀，其文字數量不知幾多倍於原作了。這在詩歌史上，也是不多見的。

卞之琳在情感上的含蓄、矜持使經過他淘洗的詩徘徊在表現和隱藏之間，強調暗示，是朦朧的多義的，但又儘量避免晦澀難解。對他的《斷章》的理解向來是衆說紛紜。卞之琳說此詩是「寫一剎那的意境」，「人（『你』）可以看風景，也可以自覺不自覺點綴了風景；人（『你』）可以見明月裝飾了自己的窗子，也可能自覺不自覺成了別人夢境的裝飾。」但對此詩的理解不少人有不同的看法。……「讀過之後，像是懂了，仔細一想，又像沒有全懂，越往深處想，就越覺得含義太多。⑥」其實，正像卞之琳自己所說的「一剎那的意境」，他從生活的感性中觸發了詩興，通過《斷章》所營造的畫面表達了對人生的理性思考，通過鮮明的意象透露出內在的情緒，使詩的情緒外化、物態化。就像梁宗岱所說的「一首詩底情與景，意與象底惝恍迷離，融成一片」⑦。當時卞之琳所寫所愛好的詩，在「詩質」上介於浪漫主義和象徵主義之間的。可能沒有浪漫主義情緒，就缺乏靈性，如果沒有象徵主義的渲染，便缺乏形象。這一段時期的卞之琳的詩是「混血兒」。在他自己寫的一篇自傳中，談到《新月》、《現代》，以及英國浪漫派、法國象徵派諸詩歌流派與他的關係時，用了「契合多於影響」這句話。契合，這是個很好的說法。詩人內在氣質與外來詩風影響的一種自然結合，決定了他的詩具有自身獨特的風韻，非一般的隨流之作可以比肩的。

卞之琳自述他寫詩最著力於詩的「化歐」與「化古」，認爲「文學具有民族風格才有世界意義」。他主張傳統詩歌的意境和西方詩歌中「戲劇性處境」應該暗合，所以他的《斷章》別開生面，詩人從多方視點關照物件，運用畫面的靜態描繪和精確的語言，採取蒙太奇式的巧妙剪輯，將「一剎那的意境」與「戲劇性處境」暗合的體現。他的不少詩不僅「新」的到家，而且又容納了舊詩詞的成分。《秋窗》一詩就不僅具有西方象徵派的「世紀末情調」，也融合了晚唐詩詞的「末世之音」。和卞之琳對待感情一樣，他的詩風也在表現與隱藏之間，吞吞吐吐之間。

在那時，人們對傳統文學的態度，已不像五四初期那樣流於極端，對西方詩歌的移植，也不像以前那樣生硬照搬，而是更注重中西借鑒和融合，這正是新詩由五四時期的破壞轉入三十年代的「建設」和「創造」的標誌之一。卞之琳生活在那個激蕩的時代，東西方文化的猛烈衝撞和匯流的趨勢推動著他去廣采博收，良好的外國文學訓練決定了他能夠根據新詩建設的需要擇取異域的精華，同時，他的創作環境使他不會長久沉浸在某個特定的詩風裏，而可以兼取衆家之長。在詩藝的中西借鑒和融合上，卞之琳注意到這樣兩點：一是西方現代詩歌藝術與民族現實生活的結合；二是西方現代詩歌藝術與民族傳統詩歌藝術的融合。卞之琳說，「親切」、「含蓄」是中國古詩與西方詩歌完全相通的特點。

由於中國社會環境的急劇變化，以及詩自身的偏離日益加重，人們爲反抗「非詩」的無休止的侵入提出了「純詩」的主張。卞之琳的這一類人都接受過傳統文化的薰陶和歐風美雨的浸染，對藝術的嚮往和追求是執著的。當時社會的極端黑暗和環境的極端污濁，詩人和社會生活不調和時，就很容易躲進藝術的迷宮中，藉以逃避。而這種脫離現實的傾向又進一步加強了對純詩的探索。但是，當時對於「純詩」的探索，文壇上的意見是不一的。周作人與胡適在《獨立評論》二四一號（一九三七年七月四日出版）上就有過一場《關於看不懂》的爭論；一位讀者來信批評卞之琳的現代派詩、何其芳的散文「沒有人能看懂」，「走入了魔道」；胡適在編者後記中表示贊同，並說：「現在做這種叫人看不懂的詩文的人，都只是因爲表現的能力太差」。周作人看到後寫了一篇文章來反駁，指出，「文章的晦澀」是一種藝術的風格，「創作時覺得非如此不能充分表現出他們的思想和情調」。三〇年代的這一場論爭，實際上是五四時期的「平民化」與「貴族化」爭論的繼續⑧。

而這種寫法，在他的名作《魚化石》中表現到極致：

（一條魚或一個女子說）：

我要有你的懷抱的形狀，
我往往溶化於水的線條。
你眞像鏡子一樣的愛我呢。

你我都遠了乃有了魚化石。

四句極力跳躍，意象獨特，引人深思。據《魚化石後記》的解釋，第一行化用了保爾·艾呂亞(P.Eluard)的兩行句子：「她有我的手掌的形狀，／她有我的眸子的顏色。」並與司馬遷的「女爲悅己者容」的意思相通；第二行蘊含的情景，從盆水裏看雨花石，水紋溶溶，花紋溶溶，令人想起保爾·瓦雷里的《浴》；第三行「鏡子」的意象，彷彿與馬拉美《冬天的顫抖》裏的「你那面威尼斯鏡子」互相投射，馬拉美描述說，那是「深得像一泓冷冷的清泉，圍著鍍過金的岸；裏頭映著什麼呢？啊，我相信，一定不止一個女人在這一片水裏洗過她美的罪孽了；也許我還可以看見一個赤裸的幻象哩，如果多看一會兒。」而最後，魚化成石的時候，魚非原來的魚，石也非原來的石了。這也是「生生之謂易」。也是「葡萄蘋果死於果子，而活於酒。」可是詩人又問：「詩中的『你』就代表石嗎？就代表她的他嗎？似不僅如此。還有什麼呢？待我想想看，不想了。這樣也夠了。」

眞的不想了嗎？卞之琳在想什麼呢？評論界一般認爲《魚化石》這首詩是一首典型的愛情詩。卞之琳在詩句中，在行與行之間加一個括弧注一句話，有聞一多的影響，這如同在水面上又起一道波紋。在詩句括弧裏寫的「一條魚或一個女子說」，揭示了卞之琳的用意，他希望她能和他在一起，不分開，乃至成爲千年的化石。卞之琳其實日思夜想張充和，但他的這種表達方式，使得他難以開啓張充和的心。不過緊接下來發生的一些事情，讓卞之琳看似逐漸遠去的愛情又好像燃起了希望。

第二節　雪泥鴻爪

一九三六年暑假，卞之琳辭去了濟南山東省立高級中學教職，回到北平。在景山西街租了南屋三小間居住。卞之琳將前一段時間寫的詩，編成一集，因爲有《音塵》一詩，所以取名《音塵集》，交由琉璃廠文楷齋刻出木版，印出樣本十餘冊，但未正式印行，後來收入《十年詩草》。在翻譯完《維多利亞女王傳》後，中華教育文化基金會又約卞之琳譯紀德幾本著作，卞之琳就準備先去青島著手譯紀德的《贗幣製造者》。剛好吳廷璆回國來，到了北平，卞之琳就和他住在一起，後來吳廷璆應聘去青島大學任教。於是兩人同去青島，卞之琳住在青島海濱冬休旅館，譯紀德《贗幣製造者》。

但到了十月，卞之琳在青島接到母親薛萬芝病危電報，即動身乘船經上海回到了闊別多年的故鄉海門縣湯家鎮，不料母親已於農曆八月二十二日病故，享年五十一歲。卞之琳在家辦完喪事，即離鄉往蘇州探望張充和。沈從文當年追求張兆和的時候，也是不請自來到蘇州去的。卞之琳在這一點上有沒有受沈從文的啓發，或是沈從文主動對他傳授經驗，不得而知。張充和曾於一九三五年因病輟學，一直在蘇州老家。對於卞之琳的到來，張家表現的非常熱情，張小姐看著卞之琳懷著喪母之痛，前來探望病中的自己，爲此非常感動。卞之琳在蘇州張家待了好長一段時間。在張充和與她大弟張宗和的陪伴下，三人還一起遊覽了蘇州西郊的天平山。

天平山位於蘇州西郊，以怪石、清泉、紅楓「三絕」著稱，范仲淹幼時曾在這裏生活過，天平山與長沙嶽麓山、北京香山、南京棲霞山並稱「四大紅葉觀賞勝地」，深秋時節，滿山紅葉若紅霞繚繞，層層片片，蔚爲壯觀，有「天平紅楓甲天下」之譽，卞之琳他們當時去的時候正是深秋，不知當時的卞之琳看到這滿山的紅楓是何種心情？

在人民文學出版社出版的《中國現代作家選集》叢書的《卞之琳》卷上，卷首有一張卞之琳與張充和同遊蘇州天平山的照片。以卞之琳的細密個性，這張照片出現肯定不是偶然，這張照片所記載的故事對卞之琳來說一定是極其重要而又難以忘記的。的確是這樣，對於這次的蘇州之行，卞之琳是興奮的，他寫道：「不料事隔三年多，我們彼此有緣重逢，就發現這竟是彼此無心或有意共同栽培的一粒種子，突然萌發，甚至含苞了。我開始做起了好夢，開始私下深切感受這方面的悲歡」⑨。也許在共同遊覽湖光山色的時候，張充和對剛經歷喪母之痛的卞之琳有過一些安慰的軟語，甚至有過一些類似於許諾的言談；卞之琳呢，雖然能跟心嚮往之的可人兒在一起，他感到極大的快慰，暫時緩和了喪母所帶來的沉重心情；但他對兩人的情事還是將信將疑。多疑使他不能自信，文弱使他抑制衝動。「……隱隱中我又在希望中預感到無望，預感到這還是不會開花結果。」他的心態基本上跟初次見面後一樣，還是只想紀念那還沒有到來的情事，惟一不同的是，這次由於情感的波瀾要比三年前壯闊得多、激烈得多，於是在半年後，「彷彿作爲雪泥鴻爪，留個紀念，就寫了《無題》等這種詩。」但卞之琳畢竟是卞之琳，就在這種心境下，他寫詩依然要「淘洗」，讓人琢磨不透。比如他寫《無題四》，把感情表達的如黃河般九曲十八彎：

隔江泥銜到你梁上，
隔院泉挑到你杯裏，
海外的奢侈品舶來你胸前：
我想要研究交通史。

愛就是愛，卞之琳卻偏不，他就是這樣，因爲愛，看到她胸前的飾品，而古古怪怪地想去研究交通史！相對來說，喜悅之情表現得最充分的是《無題二》：

楊柳枝招人，春水面笑人。

鷺飛，魚躍，青山青，白雲白。
衣襟上不短少半條皺紋，
這裏就差你右腳——這一拍！

卞之琳在蘇州與張充和是在秋天，而他寫這首詩時是在春天；整個組詩寫的是回憶起來的激情，應該處理秋天的景象，但我們讀到的是一派春天的良辰美景。也許是因爲作者在事隔半年後，依然還沉浸在那種歡娛的氛圍中，所以他把眼前景象移植到了回憶之中，使之跟回憶中的景象疊加在一起，從而產生雙重的喜悅。《無題五》是最精美的，寫的是抒情主人公在跟「你」一起散步時的所見所感，充滿了高超的智慧和無窮的意韻：

我在散步中感謝
襟眼是有用的，
因爲是空的，
因爲可以簪一朵小花。

我在簪花中恍然
世界是空的，

因爲是有用的，

因爲它容了你的款步。

此詩語言精粹，調子纏綿，空間在大小之間伸縮自如，情態在虛實之間轉換自然。這首詩中有著濃厚的色空觀念，這世界，或者說，我的世界本來是空無一物的；因爲你的到來，我才感覺到了它的存在和意義，而你，包括你的襟眼、你的款步以及我順手送給你的、作爲你的象徵的小花，都是色的表象。在色與空之間，也許僅僅是我對你的愛的執著。我的「無」因爲有了你而成了「有」，而有了些微的喜悅，但「即使在喜悅裏還包含惆悵、無可奈何的命定感。」

這裏不得不談談廢名的佛學觀念對卞之琳的影響。卞之琳離開蘇州後經上海回到青島，過了幾個月，到一九三七年一月，卞之琳從青島譯出《贋幣製造者》回北平交卷，寄住北沿甲十號的廢名家中，在廢名內院兩開間起居室一角支起一張床。後來廢名寒假時回湖北老家省親，就留卞之琳和一老僕在家居住，後來從萊陽回北平的何其芳也在他家和卞之琳一起住了幾天，就用他內間的臥室。不久卞之琳也南歸，未再北返，北平淪陷、全面抗戰爆發後，因爲對廢名情況和位址不詳，此後卞之琳與他八年失去了聯繫。從一九三三年初識廢名到一九三七年，卞之琳受到了他很大的影響，雖然一九三三年夏卞之琳與廢名初次見面的時候，廢名已基本中止了小說創作，只偶有幾篇短文與小詩發表。他的興趣已轉向了悟理證道。這對於晚他九歲的卞之琳，自然會起到潛移默化的作用。學者江弱水甚至認爲：「廢名對三〇年代中期與後期的卞之琳起了兩方面的『好影響』：一、藝術上從情境的寫實轉入了觀念的象徵；二、思想上以佛家的空靈結合了儒家的著實。兩者都顯示廢名之於卞之琳，其影響的重要性不在徐志摩、聞一多之下⑩」。從這一時期卞之琳的詩作來看，佛家的思想觀念於三〇年代中期，深入到卞之琳情感與理智的核心，這可以說與廢名有很大關係。寫於一九三五年的《距離的組織》和《圓寶盒》二詩，指出它們對世界之種種相對關係的把握，與佛教華嚴宗「六相圓融」、「十玄無礙」的玄學圖式，以及「小時正大，芥子納於須彌；大時還小，海水納於毛孔」的玄秘思想有著驚人的聯繫，結合寫於同年的《斷章》、《航海》等詩，可以見出這一年卞之琳關注的焦點乃在世界相對關係的認識上，佛學影響了他的世界觀，偏於智而似不及於情。到了一九三七年，佛家的「色空」觀念則差不多主導了詩人的人生觀。這年春天，正值卞之琳愛情過程中悲喜交集的頂點：「我與友好中特殊這一位感情上達到一個小高潮也就特別愛玩禪悟的把戲，同時確也預感到年華似水，好夢都過眼畢空的結局，深感到自己也到了該『結束鉛華』的境地了。」而這一年也正是卞之琳與廢名交往最緊密的一年，詩人的愛情生活一直在廢名的關心之中。卞之琳說這時候「特別愛玩禪悟」，其間曾受廢名的點撥，可想而知。《無題五》中的「色空」觀念的出現也就很好理解了。

其實，在寫作《無題》之前和之後，卞之琳都寫過情詩，如之前的《魔鬼的夜歌》、《白石上》、《舊元夜遐思》、《魚化石》、《淚》、《半島》等，再如之後的《燈蟲》、《淘氣》、《白螺殼》，甚至《斷章》、《候鳥問題》都有人當成情詩解讀。《魔鬼的夜歌》和《白石上》是他少年時代的作品，模仿的是新月派包括乃師徐志摩的風格。而其他的大部分「情詩」基本上都寫在一九三七年，可見這次蘇州之行對卞之琳的影響之大。

卞之琳離開北平廢名家後，即南下江浙、上海等地轉悠並自由做譯。卞之琳爲什麼有一次離開了北平而南下，寫於此後不久的《多少個院落》（收入《十年詩草》時改爲《候鳥問題》）給了我們一些線索：

……

多少個院落多少塊藍天。

我豈能長如絕望的無線電

空在屋頂上伸著兩臂

抓不到想要的遠方的音波！

卞之琳研究專家張曼儀認爲，該詩所渲染的是「空間的分隔造成思念的牽繫，儘管他所在的北方表示不少挽留之意，他還是決定往南方追隨心之所之。⑪」這首詩大概寫於一九三七年三月，當時日本侵略軍正在逼近北平，「但凡能走得開的愛國知識份子都下定決心要離開了。」詩的開頭兩句是：「多少個院落多少塊藍天／你們去分吧。我要走。」卞之琳的終身詩友王辛笛先生分析說：「卞詩人在此既飽滿抒寫了對北京庭院和藍天的深深愛戀，而又兩次用短短的『我要走』三個字果斷地表明瞭基於愛國熱忱、不能不走的遺憾。」是啊，如果「我」留戀這裏的院落和藍天，在侵略者佔領北平後，淪陷區和國統區之間的郵電將中斷，「遠方的音波」——那來自遠方的心上人的消息將受到阻隔，我的屋頂上縱然插滿了無線電，也接收不到任何資訊，那是會讓人絕望的處境。雖然在同期卞之琳的《白螺殼》一詩中，他突兀地說了句令人瞠目的話：「時間磨透於忍耐！」這表現出來的生命韌性，與卞之琳詩風中的冷靜睿智是一貫的。但「忍耐」總有「忍耐」界線，如果突破了這個界線，他也會用力的伸開雙臂，去捕捉那「遠方的音波」。陳丙瑩先生說，這最後兩句詩「將自己對遠人急切的渴念傾吐得淋漓盡致」。卞之琳一方面因爲時局的惡化，一方面因爲對張充和的思念，終於踏上了南下的旅途。

卞之琳到上海後，住在李健吾家裏，經李健吾的推薦，卞之琳在很短的時間裏譯出了貢思當的《阿道爾夫》，後來又去杭州，住在西泠橋北的陶社，與住在隔橋的孤山俞樓的蘆焚

（王長簡）常在一起。五月，卞之琳在杭州把本年所做詩，包括《無題》等十八首加上前面兩年各一首編成《裝飾集》，題獻給張充和，因爲這些詩中的大部分本來就是寫給她的。卞先生本想把詩集交給戴望舒的新詩社出版，但沒有結果。六月至八月間，他與蘆焚由上海乘船，同去雁蕩山，住在位於山腰的大悲閣中。卞之琳與張充和這段時間主要通過通信聯繫，爲了能夠儘快看到張充和的回信，哪怕是在下雨天，卞之琳也要「帶著電筒……拿著雨傘跑三里路」到雁蕩山的山腳下汽車站去看郵件。後來看詩集出版遲遲未果，卞之琳就在八月七日，立秋前夕，爲張充和手抄了一冊，後來這本詩集編入《十年詩草》（卞之琳去世後，卞被送到八寶山的次日，卞的女兒青喬驅車，前往中國現代文學館，將他一九三七年八月於雁蕩山大悲閣爲張充和手抄的一卷《裝飾集》以及一冊《音塵集》捐贈給了館方）。

卞之琳和蘆焚在雁蕩山的日子過得非常悠閒。蘆焚寫小說，卞之琳譯紀德的《贋幣製造者寫作日記》和《窄門》，而兩人除了這些之外，剩下的時間就在雁蕩山的湖水裏游泳。然而，很快的，「七七事變」爆發了，卞之琳他們雖有所耳聞，但直到八月上旬才聽說平津失陷。於是卞之琳和蘆焚即動身回上海。八月十二日到海門鎮，因無船開上海，即西上到臨海縣。第二天乘長途汽車往紹興，途經新昌站時，國民黨保安隊檢查行李發現卞之琳的手提箱夾縫裏一個多年前買的眼睛框包紙裏有紅簽條，上有編號，就懷疑他們兩人是漢奸，雙雙帶到縣公安局繼續搜查行李，待上大堂受審，幸被二青年文學愛好者在旁發現誤會，終於無事，但當日已無車去紹興，只得在縣城留宿一夜。第二天乘逃難車往紹興，讀了當天的報紙才知道「八・一三」事件爆發，上海已在戰事中（卞之琳還在第四版看到：新昌昨日抓到漢奸兩名，一叫卞之琳，一叫王長簡。但卞未露聲色，到多年後才告訴蘆焚）。車抵杭州時，即遇上了空襲。下午乘火車回上海，在刺耳的空襲警報聲中，在滿載南下逃難的普通老百姓的火車擁塞中，逆流而上，以半天一夜的時間，好不容易直到八月十五日才到上海。卞之琳到上海後，住在租界內李健吾家共三星期，完成了《窄門》的翻譯。一九三七年夏末，朱光潛到了成都，被聘任為四川大學文學院長。朱光潛隨即約卞之琳去四川大學任教。於是卞之琳在九月初乘長途汽車，繞蘇嘉路至南京，改乘船至漢口。路過武漢入川的時候，卞之琳到武昌城裏去看望聞一多，聞一多在家裏，依舊還是埋在古書堆裏。卞之琳十月十日趕到成都，受聘為四川大學外文系講師。後來到四川大學的還有羅念生等人。第二年初，也就是一九三八年，何其芳也從萬縣到了成都。卞之琳在成都除了與許多舊識如朱光潛、何其芳等人重見，還認識了沙汀等一批作家。而張充和此時已避居安徽合肥鄉下老家，卞之琳心中很是牽掛，多次寫信催她到成都來工作。

第三節　成都工作

所有人的人生軌跡在那個時代不得不做出改變。卞之琳說：「炮火翻動了整個天地，抖動了人群的組合，也在離散中打破了我私人的一時好夢。⑫」卞之琳的「好夢」被隆隆的炮火擊碎，卞之琳一心追求的「純詩」藝術也與時代要求之間出現了不可調和的尖銳矛盾，可以說是不約而同的，就像當年躲進象牙塔不約而同一樣，卞之琳和他的朋友們迅速地把自己投入到這股新的生活洪流中去。朱光潛當時在四川大學文學院當院長，極瘦極小的他雖然以前只是個誠篤的學者，但現在也為了「教育自由」，反對國民黨C．C派撤換校長，他後來也曾經有過去延安的打算，只是後來被他的歐美派朋友阻止了。卞之琳也在顛簸流離中藝術觀發生了變化。何其芳這時對卞之琳的影響是巨大的，何其芳從「只為了抒寫自己，抒寫自己的幻想、感覺、情感⑬」中擺脫出來，一步步走向了現實主義。

雖然同為漢園詩人，何其芳思想、作風上的變化，比卞之琳要急劇的多。何其芳在北京大學上學期間，除了關在銀閘胡同大豐公寓的一間小屋子裏讀書、寫作之外，最初只在北京大學、清華大學等的四川同鄉以及李廣田和卞之琳的這個小圈子裏活動。而卞之琳雖然也不好活動，不善活動，但在一九三四年和一九三五年間，在鄭振鐸、巴金掛帥下，因爲協助靳以單槍匹馬編全國最早的大型文學刊物《文學季刊》及其附屬創作月刊《水星》，已在北平與上海之間，保守學者與進步作家之間，開始交往自如，後來卞之琳常拉著何其芳協助他幫靳以看詩文稿，何其芳才稍稍活躍點。但是到一九三六年，何其芳到膠東半島萊陽師範教書時出現了很大的思想轉變。一九三六年除夕，何其芳是和卞之琳一起在青島過的。卞之琳當時埋頭譯書，何其芳趁學校放陽曆年短假到青島看他，帶來了不少著名的萊陽梨，就在卞之琳那裏住了幾天。當時何其芳對卞之琳閒談的主要話題，就是他所接觸到的萊陽學生及其家庭使他驚訝不置的貧困生活條件。儘管何其芳的憂憤情懷，還是被剛在耶誕節和平解決「西安事變」，造成全國各地人民歡騰的爆竹聲裏的吉慶氣氛稀釋了許多。而卞之琳兩個月前，剛剛和張充和遊覽過天平山，此時的他正在勾畫著自己心中一首又一首的「無題」，雖然感受到時局的惡化，但洋溢著更多的，還是對那未來愛情的嚮往，對心上人的思念。

戰爭把許多人推移到成都。一九三七年秋到次年初春，成都在許多方面還保留了古舊風光。青羊宮的「花會」、草堂寺的門聯「錦水春光公占卻／草堂人日我歸來」，還能觀看舟楫暢行的望江樓、門口常停了幾輛軍政要人的小汽車的北門外臨江開設的陳麻婆老豆腐店等等，當時成都物價還低廉，什麼「吳抄手」、「賴湯元」、「邱老糟」、「王胖鴨」、「矮子齋」等等也使他們得以品嘗地道風味小吃。對於卞之琳這些遠離炮火連天的人來說，既具有吸引力而同時又會引起內心的不安與鄉愁國憂。四川出了那麼多新文學大家，但是這裏不僅抗戰空氣沒有吹進來，連「五・四」啓蒙式新文化、新文學運動好像也沒有在這裏推得起微瀾。所以何其芳從萬縣到成都後，就和卞之琳等人考慮自辦一個不限於宣傳抗戰的小刊物。

於是在一九三八年三月十六日，何其芳在成都與卞之琳、方敬及四川大學同事朱光潛、羅念生、謝文炳等商量，自願每人輪流出四塊錢應付每期紙張（通常用作手紙的淺黃土紙，當時在成都不是唯一；最流行的日報《新新新聞》也就用這種紙）和印刷費用，自費創辦小型半月刊《工作》。雖然卞之琳最初是執行編輯，但何其芳其實才是這個刊物的主要負責人，校對、發行，主要是靠何其芳、方敬和其芳的妹妹等人才得以完成。創刊號出版於一九三八年三月十六日（每月一日和十六日出版）。創刊號記得開頭第一篇文章就是其芳的《論工作》。刊物嚴格說不是同人性質，言明撰稿各人文責自負，但有一個共同目標——宣傳抗日戰爭和支援社會正義。撰稿人極大多數是從沿海各地，特別是從淪陷後的北平和即將敵占的上海（包括租界），先後初次到或重新回到成都的文教界人士，以四川大學爲中心。刊物是十六開八頁，沒有封面，僅在第一頁靠右邊（因係兩欄直排）一通欄長方條內，上格用大字印刊名，中格用小字四行注明每期出版日期、編輯、發行者、通訊處、定價，下格印本期號數和本期目錄。這是早年在北京大學文學院（即尙存的沙灘「紅樓」）傳達室寄售的《語絲》的形式，更像後來一九三〇年廢名、馮至等編的《駱駝草》的格式，也就是完全像第二年何其芳（和楊吉甫）編的《紅砂磧》的樣子。刊物由來稿性質決定，除了第七期發表過何其芳著名的《成都，讓我把你搖醒》這首詩以外，全登散文，有雜感、隨筆、報導、通訊，也偶有短小說，文章內容最初多記述從淪陷區或即將淪陷區冒險出來的切身經歷，也有報導戰區的目擊情況，後來較多描述祖國大好風光，揭露社會陰暗側影，抨擊後方時弊。撰稿人在上述幾個人以外，還有先後到成都或原在成都的鄧均吾、周文、沙汀、陳翔鶴、劉盛亞、陳敬容、顧綬昌，周煦良等人。

《工作》這一類刊物，在一九三八年春夏間的成都還是第一個，也是僅有的一個，所以銷路不錯，起過一定的影響，儘管印數不是很大。而作爲主力的何其芳給刊物寫了最直捷，犀利的文章。例如，當時初傳周作人在北平「下水」，《工作》刊物同人中想法就有很大不同。《工作》的編輯和作者的主力多是京派人物，而周作人又可算是京派的宗師，所以當時有的不想絕人之路，有的表示惋惜。而何其芳就斷然發表了不留情的批判文章《論周作人事件》。後來何其芳的《成都，讓我把你搖醒》發表後也引起了轟動。但文人畢竟是文人，特別他們大都是「京派文人」，用卞之琳的話：「終覺在這方面力有不逮，自己還需要『搖醒』

呢，終於把『搖醒』成都工作留給別人了，到第八期就發表了休刊聲明」。

像卞之琳說的「自己還需要『搖醒』呢」，那麼，卞之琳、何其芳他們準備怎樣將自己「搖醒」呢？那一段時間，何其芳在少城公園學過幾個早晨騎自行車，卞之琳跟四川大學一些同事南游峨眉山，也心存練習爬山的不告人念頭。鍛鍊身體，會有什麼不告人的「念頭」呢？這裏不得不談起沙汀了。

沙汀屬於上海左翼作家，在此時，已經加入了共產黨。卞之琳以前不認識沙汀，但知道他，因爲他參與過《文學季刊》、《水星》兩刊的工作。當時鄭振鐸氣魄很大，把上海、北平兩地作家拉在一起，使卞之琳在一九三四到一九三五年間開始接觸上海左翼作家的作品，如艾蕪的，沙汀的。後來沙汀來到成都，主要在做統一戰線工作，卞之琳模模糊糊感覺到他與共產黨可能有一定關係。沙汀常來川大找朱光潛，方敬、羅念生、謝文炳。謝當時是川大外文系主任。也就在這時，因爲卞之琳和何其芳在編《工作》，「覺得成都氣氛沉悶，想到前方去看看，這樣，才使我（卞之琳）與沙汀建立了全新的關係」。沙汀與「京派」作家交往，並沒有使人感到他有「左翼」氣。而沙汀讀了《工作》上的一些文章，特別是何其芳的《成都，讓我把你搖醒》，改變了對這個帶副眼鏡，有一個油黑的胖臉的書生的看法，覺得他對抗戰成都享樂、懶惰、陳腐、講究美食的風氣的厭惡，和自己是那麼一致，而這以後，通過交往的深入，進而對京派作家有了新的認識和好感。

沙汀雖然是左翼作家，也已經加入了共產黨，但並未去過延安。一九三八年七月，周立波發表報告文學《晉察冀邊區印象記》，傳佈很廣。沙汀讀到後心裏很不平靜。沙汀對教書已經很不耐煩，現有的寫作和生活讓他無法忍受下去。他想到前線去，到敵後生活一段時間，寫出更有力量的作品。何其芳和卞之琳其實也想去前線，兩人這段時間一直在騎自行車、爬山，練腳力。當得知沙汀將去延安的消息後，就在一天晚上，徑直到仁厚街沙汀的家裏。沙汀對這天晚上的事是這樣描述的：

這是他（指何其芳——筆者）第一次到我家裏，同他一道的還有卞之琳。其芳這次給我的印象跟以往不同，開展多了，爽直熱情，沒有絲毫客套、拘泥的痕跡。他們共同提出來的要求是，希望能同我一道到延安去，到華北八路軍抗日根據地去！那時候，到延安去是需要足夠的勇氣的，因爲到了廣元以後，沿途都會遭到盤查、留難，甚至有被抓、失蹤的危險。我答應立刻向組織反映，而不久我們就一道出發了⑭。

雖然當晚，卞之琳與何其芳是一起去的沙汀家裏，但在去延安的出發點上，兩人可能有所不同。在編《工作》時，何其芳是刊物的主力，差不多每期都有他的文章，卞之琳只在開頭發表過一篇小文，沒有發表過別的寫作，但每期或長或短都有他在一九三七年春住西湖西泠橋北陶社譯出的紀德小書《新的糧食》。紀德發表《新的糧食》是他在三十年代中葉舉世矚目的一度思想左傾的標誌，雖然他不久又發表了《蘇聯回來》，引起進步人士群起攻擊爲再「轉向」。當時卞之琳與何其芳相比，文風和以前同爲漢園詩人相比，已經存在了很大的不同。這也可能就預示了何其芳與卞之琳一九三八年暑假一同去延安，卞之琳主要抱著經延安去前方一行的願望，而何其芳就留下來工作（雖然他在一九四二年延安整風以前，還在《夜歌》一類抒情詩裏直率表達了當時青年男女知識份子殘存的一些內心矛盾），而卞之琳到了那裏，雖然思想上也大有變化，在延安訪問（和參加臨時性工作）總共一年以後，以有「後顧之憂」，還是堅持「按原定計劃」，回（原定暫回）「西南大後方」。連卞之琳自己也承認：「大勢所趨，我在一九三八年暑假前也有點思動，但只是想通過延安到敵後作戰的八路軍和抗日根據地去轉一轉，訪問和生活一番。」

爲什麼兩人的想法會有這樣的差異呢？還是要從卞之琳癡心的張四小姐說起。幾乎在卞之琳他們創辦《工作》的同時，一九三八年三月中旬，張充和到了成都，借住在她二姐張允和家裏，生性嗜玩的她不久就獨自去了趟青城山，富有文才的她回來後還塡了三首詞，曾讓卞之琳「看過初稿」。這年暑假，卞之琳與朱光潛等幾位川大教授去峨眉山遊覽，張充和偕四弟跟隨另一位川大教授也在峨眉山遊覽，兩路人還在快要攀上山頂的時候相遇了，於是一起看了「佛光」。卞之琳在這段時間裏，追張小姐追得相當累、相當苦。由於在異性面前的懦怯，在跟張充和約會時，他常常拉著當時在《工作》雜誌社共事的詩人方敬先生，讓後者當電燈泡並且望風。張小姐對他時而熱情，時而冷漠。許多旁觀者都認爲卞之琳是單相思。如張允和說，有一回張充和kiss了一下卞先生，他就興奮得覺得四妹對自己是有意的，還跑去告訴她的姐姐；但張允和的解釋是，喜歡學習西式交流方式的四妹只是處於禮貌或好玩才那麼做的。卞先生非常痛苦而無奈，整個人彷佛被悲哀包圍了，正如他在不久前的《白螺殼》一詩的結尾所寫的：「從愛字通到哀字——／出脫空華不就成！」他當時的心情怎一個「哀」字了得。有時候，他實在壓抑不住自己，就去張小姐的二姐家，向周有光、張允和夫婦哭訴。當時張小姐及其周圍的一些人對卞之琳不滿，主要是因爲大家覺得他太文弱了。如潑辣而大方的二姐就說「卞之琳沒本事（指追求女孩的本事，相當於膽子和手段——筆者），連異性的手都不敢碰；有一回，她（張充和）跟卞之琳一起出去玩，在上坡的時候；卞先生也想紳士一把，上去攙扶一下，但他一直猶豫不決，兩手欲伸未伸，一個勁兒地發抖」⑮。卞先生一直想找個機會表現一下，證明自己也有男子漢氣概。從峨眉山回成都後，機會就來了。何其芳和沙汀夫婦要去延安，卞之琳得知消息時，當即表示要同去；八月十四日，四人就乘車出發了，奔向那粗獷的西北高原。師陀先生認爲卞之琳此去陝北，是「由於他是單方面的，是個失敗者；同時一往情深，又是光榮的失敗者。爲了愛情」，當然同時也是「出於愛國」；卞先生後來在追念師陀的文章中，曾說師陀的話是「太自信的判斷……竟把我在抗戰前後的一切行動都有點歸諸『光榮的失敗者』『單方面的』『愛情』……『猜』得不免離譜。」他在另一處說到這事時，乾脆把愛情整個兒剝離了、驅逐了，小我全部被大我給吞沒了：「由於愛國心、正義感的推動，我也想到延安去訪問一次。」這種帶有爲自己辯護似的指責有點「此地無銀三百兩」的嫌疑。《李廣田日記・出魯記》中一九三八年六月二十六日李廣田記道：

得其芳來航空信，六月二日發。雲四川教育當局，只一味麻醉青年，壓迫青年，防止新文化。辦女學的還講三從四德，一般中學竟禁止學生讀新書，他們主張中學生不看雜誌，甚至可以不看報紙，因爲要埋頭於功課之中。朱光潛先生專心於搜集碑帖臨摹之中，之琳則苦於戀愛。⑯

李廣田一向老成持重，又是卞之琳多年的老友，又加上這是在日記中記載的，特別是這是這段時間一直和卞之琳一起工作的何其芳在來信中這樣說的，卞之琳在當時「苦於戀愛」，這應該是切合實際的。

其實卞之琳用不著那麼緊張。首先，師陀沒有說他只爲了愛情，而是愛情、愛國兼顧；

其次，即使只爲了愛情，沒什麼可恥的。而且如果他的這次行動背後沒有愛情的考慮和動機的話，就無法解釋他爲什麼不像何其芳那樣在體驗了前線部隊的生活之後留在延安，而是在一九四〇年夏天匆匆趕回了國統區的昆明；那是因爲張充和在他之前就到了昆明。據說，朱光潛在卞之琳離蓉去陝前夕，曾一語點破卞當時「有私生活上的後顧之憂，不過出去轉一下接受考驗而已」。當考驗結束後，他「按原定計劃」，回到了「西南大後方」。也許是張充和曾經給過他一些許諾，如果他能從期期艾艾的感情世界中走出來，不再成天悲悲切切，去熱火朝天的解放區、甚至硝煙瀰漫的敵佔區走一走，再回來一切就都好說。卞先生晚年在一篇懷念周煦良的文章說：「女友當時見我會再沉湎於感情生活，幾乎淡忘了邦家大事……給了我出去走走的啓發。」

卞之琳記載：「何其芳後來就積極托周文、沙汀聯繫，心不在刊，卞之琳也跟著作出行準備。《工作》停了不久，其芳和沙汀夫婦（沙汀愛人是黃玉頎）以及我，一行四人，在八月中一個已略顯秋意的涼颼颼的早晨，登上了去西安轉延安的旅程⑰」。

【註釋】

①卞之琳《尺八夜》，見《滄桑集》，江蘇人民出版社一九八二年版，頁三。

②卞之琳《三座門大街十四號瑣憶》。

③龍泉明《中國新詩流變論》，人民文學出版社，頁三〇七。
④王佐良《中國新詩中的現代主義——一個回顧》，《文藝研究》一九八三年第四期。
⑤馮至《文壇邊緣隨筆》，上海書店一九八五年版，頁一〇一——一〇二。
⑥藍棣之《現代詩派選》，人民文學出版社，一九八六年。
⑦梁宗岱《詩與眞・詩與眞二集》，外國文學出版社一九八四年版，頁六九。
⑧錢理群《周作人傳》，北京十月文藝出版社一九九〇年版，頁三九九。
⑨卞之琳《雕蟲紀歷・序》，見《雕蟲紀歷》，人民文學出版社一九七九年版。
⑩江弱水《卞之琳詩藝研究》，安徽教育出版社二〇〇〇年十二月版，頁二七七。
⑪張曼儀《卞之琳著譯研究》，香港大學中文系一九八九年出版。
⑫同⑨。
⑬何其芳《野歌・初版後記》。
⑭沙汀《何其芳選集・題記》。
⑮張允和等《張家舊事》，山東畫報出版社一九九九年六月版。
⑯李廣田《李廣田散文》卷三，中國廣播電視出版社一九九四年一月版，頁二一四。
⑰卞之琳《何其芳與〈工作〉》，見《人與詩：憶舊說新》，三聯書店一九八四年一版，頁九三。

第四章　從延安到北京

第一節　延安之行

卞之琳是寂寞的，當他苦苦尋找而不得的時候，延安對他的吸引是巨大的，那是無光的鐵屋中一道猛然投進的陽光。

晚年的卞之琳保存著一張已經發黃的舊照片。背景是起伏的山地，白色的帶有角簷的房子。一側是沙汀，顯得清癯，穿白色的夏布長衫，頭髮習慣地從中間分開，有一綹總是不太服貼地紮撒著，神情嚴肅得過份。另一側露出微微笑意的是詩人何其芳，黑黑胖胖的圓臉，架著眼鏡，也穿夏布長衫，左袖捋起，手臂上瀟灑地搭件衣服。沙汀的夫人黃玉頎居中，身著短袖旗袍，短髮，纖弱而白皙，靦腆地垂下雙眼，是那樣的嬌小。這張照片是在川陝邊境的甯羌（甯強）攝的，當時詩人卞之琳身邊帶著一隻小照相機，他舉手拍照的影子清晰地投在何其芳白色的身子上，奇妙地完成了一幅川陝道上的四人同行圖。將近半個世紀過去了，這張照片居然完好地保存在卞之琳的家中。

四人從成都出發北上的日子是一九三八年八月十四日。已經是夏末初秋的天氣，卞之琳、何其芳在成都北門汽車站與沙汀夫婦會合，乘車經新都、廣漢、德陽、羅江、綿陽，當天黃昏時分抵達梓橦。梓橦以前常常有大型流動集市，但現在只是一個荒涼的縣城。他們下榻在城內旅店裏，隔壁就是汽車站。入夜後，這條唯一的城關大街看不見行人，只有這家旅店和它對面飯館高高掛起的兩盞發著刺目白光的煤汽燈，照著舊城。何其芳把它形容成「像兩隻閃耀的鑽石戒指套在枯瘦的黃蠟色的手指間。①」因為下雨，汽車不通，他們多看了這汽燈兩天。何其芳話多，和沙汀說起話來一口氣不歇，而在一旁的卞之琳依舊安靜地聽著，話不多，他在勾畫延安的面貌，有時不知不覺張四小姐的樣子浮現他腦海中，他想到前方好好地寫點東西，然後回來，四川大學還保留著教職，那裏還有她……

何其芳每到一個地方便給他妹妹頻伽寫信，然後便滿天找郵局投寄。在梓橦，下著大雨，他穿了卞之琳的雨衣去找郵局，看著何其芳胖胖地背影，卞之琳多少有點羨慕。十七日，雨住了，四人乘了一輛滿載汽油桶的客車上路。四個人被擠在車門的一角，互相開著玩笑，說「要負起保衛汽油的責任。」車過劍閣，到了嘉陵江的支流白龍江的郭家渡。這裏的汽車一律要上木船由縴夫拉過岸去。次日過河，改乘了貨車，經廣元，穿行大巴山脈，進入陝西境。二十一日到寧羌。在寧羌車站，他們遭了憲兵檢查。其芳手提箱裏一本哲學書《觀念論》，因爲上面印了一行小紅字「蘇聯大百科全書版」，便被「客氣」地沒收了。而卞之琳在廣元買的《西遊記》倒安然無恙。晚上，另外兩個盤查所的憲兵又來查店，翻看了所有的箱子，特別問帶沒帶什麼書。一個突然問：「你們是不是去延安住『抗大』啊？」沙汀掏出李家鈺的護照正要回答，不料何其芳學著一種玩世不恭的語調，摸一摸自己的下巴說：「都長鬍子了，還去讀書?!」護照是眞實的，其芳的「戲」也演得成功，事後大家暢快地笑了一番。

寧羌是個山城，他們在城外滯留了兩宿。進城去看，一條正街被其芳形容「像一件穿在貧窮人身上的破舊然而清潔的藍布衫」。就是在城內西南角的山上，有一所帶角簷的房子，掛著「寧羌中正圖書館」的牌子。閱覽室裏居然有《大公報》、《西京日報》、《新新新聞》。他們已經有八天不知道戰爭的消息了，便「狼吞虎嚥」地讀了一通。卞之琳便在這個圖書館的外面，拍下了那張合影。

二十三日，又繼續乘貨車到南鄭。這裏的棧房臭蟲多得嚇人，晚上咬得只好睡到桌子上去。次日過鳳縣，翻越秦嶺，到達寶雞。由於隴海路伸到了這裏，從陸路逃難進四川的人匯聚於此，寶雞這個小小的縣城在抗戰中奇異地繁榮起來。商業街上有漂亮的飯館、百貨鋪、理髮店和電影院，新建了許多房子，匆匆忙忙湊起了一條條熱鬧的街市。二十五日，他們從這裏乘火車當天抵達西安。四人住進一家旅館，沙汀暗中與八路軍辦事處聯繫，交上組織介紹信。其餘等待的時間裏，便公開地逛街、下館子。

八月二十八日下午，他們搭上辦事處租來的敞篷商車，向北進發。人們擠坐在自己的行李上面，連車頭都坐上了人。劃過城門時，他們會機靈地伏下身子，顯然都是「老資格」了。車子跑上了揚起黃色塵土的公路，前面的幾個人便揚聲唱起來：前進，中國的青年，抗戰，中國的青年……卞之琳感到心裏發熱，多少有點激動起來。

延安的空氣在車上就迎面撲來了。車廂裏大家互相喊起了「同志」。其芳很快坐不住了，在車上竄來竄去，休息時爬上爬下，找這些「同志」聊天，熱心地搜集材料。當時唱的歌都是配著陝北粗獷的民間歌調唱的，內容多少反映了對毛澤東和朱德的「英雄崇拜」，不過，在當時的氛圍裏，卞之琳覺得一切都是那麼自然，他好像被感染了，習慣了這種的「延安空氣」，他心中在勾畫著倆人的形象，甚至想爲此寫些詩歌。

車子開過咸陽、涇陽，在三原住了一宿，又休息一上午，然後開往耀縣、同官。三十日經宜君到洛川。越是接近目的地，能見到的徒步去延安的青年學生就越多。他們的衣服上，頭髮上、眉毛上沾滿黃土，背著背包、書包，三個一夥，五個一群，在公路上不絕如縷。卞之琳感到他們像是一隊隊的「朝聖者」，比自己勇敢得多，不由地有些感慨起自己曾經的那些煩惱和寂寞起來。

在八月的最後一天，卞之琳能遠遠地看見寶塔山了。十八天，行程三千餘里，從成都到了延安。

四個人一起住進城裏的西北旅社，這是邊區政府招待所，專門招待外面新來的人。一個臨街的小院，平房，土炕，紙糊的有方木格的窗子。第一頓吃上黃澄澄的小米飯，中看不中吃，掛在喉嚨上，很難下嚥。當時還不大覺得，只感到新奇、興奮。延安這時還未遭受轟炸，窄窄的城內街道，兩邊商店的招牌都是藍底白字，鋪板也是淺藍的，雖不漂亮，卻顯得潔淨。

剛到旅社，周揚、蘇靈揚就來了，這是卞之琳第一次見到周揚。周揚臉色紅潤，顯然已擺脫了上海後期的陰鬱心理，他受到了毛澤東的器重，主持邊區教育廳，也是四月剛成立不久的「魯迅藝術學院」的領導人之一。延安文藝界爲卞之琳他們搞了個簡短的歡迎式，沙汀代表三人講話答謝。

卞之琳和何其芳很快地感到自己穿的長衫與周圍的環境很彆扭。何其芳尤其來得積極，見了周揚就要求換裝。他把自己的、卞之琳的、沙汀的夏布長衫、西服，都拿到南門市場上賣掉，換成鹵羊肉、棗糕、蕃茄吃。或者幾個人擁到北門飯鋪去享用延安的特別菜：「蜜汁咕嚕」、「三不粘」。剛從國統區來的人，嘴巴原是吃慣了的，稀奇的是蔬菜很缺的黃土高原上竟會有那麼多的蕃茄、黃花菜。到處都有歌聲。那時一個剛來的電機工程師甚至抱怨說：「這些人花費太多的時間在唱歌上。」可是等到卞之琳四人穿上周揚送來的灰布軍裝，像個延安人似地走在街上，他們的口裏也不由自主地哼出歌來了。

周揚在九月初的一天，安排好他們去見毛澤東。毛澤東住在城西鳳凰山下，「光華書店」的上面，一排三間石砌的窯洞式的屋子。他從一張沒有上漆的白條木桌邊站起來迎接客人，高高大大，穿一套藍布制服，比較整潔。這時他比以後要瘦些，眼睛有神，看上去精力充沛。卞之琳多少覺得他在平易中氣度不凡。等到開口說話，談吐幽默、生動，牢牢地吸引了在場的幾個人。寒暄過後，卞之琳他們說，這裏給他們很深的印象，很想寫延安。「延安有什麼可寫的呢？延安只有三座山，西山、清涼山、寶塔山……」毛澤東微笑著，一邊習慣地舉起右手來，說一座便彎下一根手指。「當然，也有一點點可寫。」毛澤東的手給了卞之琳很深的印象，在後來寫的《〈論持久戰〉的著者》正是以毛澤東的手爲意象貫穿全詩的。他們幾個又說，想經過延安到前線去，到八路軍活動的地區去生活一段時間，寫抗戰需要的通訊報告。毛澤東表示了贊許。毛還對他們說，從大城市來的人上前方去，走路很可能成爲一個困難。但不要緊，這很快就可以習慣的。他舉自己的例子說，過去在武漢的時候，也是每天出門就坐車子，後來上了井岡山，沒有車子好坐了，只好讓兩隻腳自己走，很快也就學會走路了。大家聽得都笑起來。

毛澤東善於運用古語、俗語、笑話，弄出滿堂笑聲，延安人說話逗趣、詼諧的風氣很盛。卞之琳初到延安便感到毛澤東的威望無處不在。延安當年演講成風，王明善辯，周恩來精細、有條理，他們都可以連講幾天。周揚以前在上海時，口才也不好，到了延安沒多長時間，一改以前，變得善講起來了。不知道延安的這種風氣對內斂的卞之琳有沒有什麼影響和感染。

這次會見結束後，周揚便找卞之琳他們來談工作安排。「魯迅藝術學院」成立時間不久，當時「魯藝」院長是毛澤東，副院長是沙可夫。魯藝文學系因缺少教師，招生比音樂系、戲劇系已經晚了一期。周揚主要工作在教育廳，又兼著「魯藝」文學系的系主任，所以希望卞之琳他們幾個能在魯藝留下。何其芳和沙汀都答應了周揚留在「魯藝」教書。但卞之琳委婉地拒絕了，理由是他在四川大學還留有教職，這次出來是利用四川大學暑期和四個月的軍訓時間跑出來的。其實這條理由多少有點牽強，卞之琳在後方其實還有牽掛，他放不下，他還對那份感情多少有點希望。

暫時除了卞之琳，其他人都有了安派，就從西北旅社搬出來。沙汀、何其芳立刻到北門外西山山麓的「魯藝」窯洞報到。

而卞之琳安排的工作還沒確定，就先住在城內的文化協會。何其芳和沙汀課後常去「文協」看卞之琳，也探聽一些文藝界的消息，然後三人一起到教育廳找周揚，談組織創作力量反映解放區、辦好文學系的事，也提醒周揚注意有機會別忘了讓他們上前線。不過，就在這不久，卞之琳就參加「文協」組織的前方文化工作團將隨著陳賡下面的七七二團訪問晉東南太行山區，而何其芳和沙汀則隨賀龍經晉西北到冀中平原。十一月初的時候，當時黃河還沒封凍，要過河還要等幾天。卞之琳就在等待過河期間，「響應當時號召寫『慰勞信』（「慰勞」一詞當時用起來等於今日我們用的「致敬」）」，於十一月六日及八日先後用詩作《慰勞信》第一、二首，第二年發表于周揚主編的《文藝戰線》一卷二號上（一九三九年三月十六日）。不過這也許多少受了奧登在中國寫的《戰時十四行》的啓發，促使卞之琳試圖以最通俗、明白的語言抒寫戰時的各類人物與生活。

十一月十二日，卞之琳隨以吳伯簫爲團長之「文藝工作團」出發，同行有白曉光(馬加)、野蕻、林火等，隨同朱德總司令部人員抵西安，十七日由垣曲進入晉東南。在晉東南流轉訪問期間，卞之琳寫了許多連貫而能獨立的短篇通訊，大都以《晉東南麥色青青》爲總題，發表於《文藝戰線》上。一九三九年的元旦，卞之琳在續寫《晉東南麥色青青》最後兩篇《村公所夜話》和《沁縣來的消息》。

卞之琳一行一路走過太行山，經過陳賡旅七七二團的駐地，在河南與先遣游擊隊生活過一段時間，並隨遊擊隊在彭城輾轉，在這期間，卞之琳寫了小說《紅褲子》，後以筆名薛林發表於昆明《今日評論》，葉公超譯成英文，發表於英國《人生與文學》(Life and Letters)。沒過多久，卞之琳又與吳伯簫等翻進太行山，追蹤突然北上擊退日軍南犯的七七二團，在和順附近的團臨時駐地，隨軍生活。當時在七七二團任政治部主任的是盧仁焯，卞之琳對他的影響非常深刻，直到晚年也記憶猶新。這一段時期的前方生活對於卞之琳來說是新鮮而又刺激的，這是他所從未體驗過的，「除了對於前方民衆，對於前方部隊的若干程度的認識，(卞之琳他們)還得了一點在前方從事文藝工作的經驗以及前方對於一般文化人的印象和要求的理解。②」

到了一九三九年四五月之交，卞之琳回到延安，因爲何其芳和沙汀還沒從前方回來，魯藝奇缺教師。所以，卞之琳一到就被留在魯迅藝術學院文學系代了三個月的課，一起留下來的還有嚴文井。在魯藝代課的這段時間裏，卞之琳還與丁玲、成仿吾、艾思奇、沙汀、何其芳、荒煤、劉白羽、夏衍、陳學昭等十六位文化人被周揚主編的《文藝戰線》雜誌聘爲編委。當時「魯藝」的條件很差，何其芳他們剛到魯藝吃第一頓飯用的筷子，就是折一枝柳條，搓巴搓巴，變成幾段然後當筷子用的。主食還是黃澄澄的小米飯。每星期吃一次大米白麵。窯洞也沒有門，只是掛了一塊塊的簾子。後來有了「等級」，「首長」是棉門簾，學生是單門簾。夜不閉戶，只怕狼，不怕賊，曾經發生「魯藝」教師的嬰兒被狼咬死的慘劇。學生窯洞，大的可住十人，火炕通鋪。作圖書館的窯洞藏有三四千冊書，文藝類占三分之二，上課的大洞可裝五六十人，但經常不用，在露天講課。下雨天從窯洞走下來，路滑，常常一個接一個地跌倒。學生聽講都是自帶一個馬紮子（折疊小凳），在膝蓋上放一塊木板記筆記。卞之琳講課沒有黑板可寫字，就站在那裏，有太陽的天便戴頂草帽。

在延安魯藝一個窯洞裏，卞之琳認識了冼星海，冼星海在魯藝的音樂系，卞之琳與他也算做過同事。魯藝是在延安北門外，東隔馬路面臨延河，西北兩面傍山有好幾層平排的窯洞，卞之琳住山下平壩，上面就是教室和辦公室，音樂系的冼星海住西山坡上的窯洞。卞之琳對冼星海早有耳聞。當時延安已經在傳唱冼星海的《我們在太行山上》、《黃河大合唱》，接著又聽到《二月裏來》，令卞之琳沒想到的是，有一次卞之琳在冼星海的窯洞裏和他單獨閒談時，冼星海「當時忽然若有所思」，說自己一九三六年在上海時，非常喜歡卞之琳的《斷章》，並把它譜上了曲子，將它獻給自己歸國後鍾情的第一位女性盛建頤，冼星海當即還以德標西一路的現代風格向卞之琳哼唱了這首鋼琴曲。卞之琳自述當時的感覺是「受寵若驚」③。

其實，早在以前中國詩歌會就曾經提倡新詩的可歌可唱性，希望讓新詩成爲聽覺藝術。徐志摩也曾經撰文強調詩歌的「音樂性」，當時蒲風等一些詩人在抗日救亡運動中反覆強調「詩歌是武器，而歌唱是力量」④。穆木天也在《關於歌謠之製作》中提出「詩歌應當同音樂結合在一起，而成爲民衆可歌可唱的東西」。所以在當時，特別是在抗戰中，不少詩人與音樂家攜手合作，如聶耳爲石靈的《碼頭工人歌》、賀綠汀爲關露的《春天裏》譜寫的曲子，任光爲任鈞的《婦女進行曲》譜寫的曲子，李煥之爲蒲風的《廈門自唱》譜過曲。這些詩配曲、曲配詩當時的創作出發點是爲了發揮抗日宣傳的需要。而像以《斷章》這樣風格的詩爲詞來譜曲的例子有，但甚少，特別這是發生在冼星海身上。考慮到在當時的延安，「大家都正關心發揚民族正氣、推進社會正義的鬥爭大業，實在不好意思偶提個人抒情舊作」，所以從冼星海的口中知道這些，自然讓卞之琳很驚訝，雖然也多少有點遇到知音的高興。但也基於同樣的原因，卞之琳沒有提出讓冼星海抄一份曲譜給他，冼星海也沒有拿出曲譜給他看。幾十年後，這份曲譜在冼星海遺稿被發現，歌譜上注著：卞之琳作詞，而在題下標著：Bagatelle(小曲)，Lente(徐緩)，帶感傷。據卞之琳晚年回憶，他當時在延安聽冼星海爲他哼唱這首曲子時，卞之琳沒有聽出傷感。是卞之琳沒有體會到，還是冼星海沒有唱出來，可能都不是好的解釋。當時在延安，對於卞之琳、冼星海這一類從後方來到延安的這一批知識份子的心中，延安對於他們是全新的，在某種程度上也是他們心中的一塊「聖地」，來到延安，他們一直保持著持續的興奮狀態，心中的理想之火多少被激發了出來，儘管卞之琳來延安的出發點可能比其他人更複雜一些，但一向理智、多思的卞之琳「在另一個世界裏，視野大開，感覺一新」卻是確實的。甚至卞之琳也開始讀一些馬克思主義的著作，感到「若有所得」。這是以前的卞之琳所未有的。卞之琳寫短篇小說《紅褲子》，是在一九三九年初，太行山東南一個農家的磨石上「信手寫出」一氣呵成的。新的生活體驗帶給他的衝擊和靈感不言而喻，可見一斑。誰還會陶醉在這種需要靜心體會的「相對」的淡淡的哀愁之中？卞之琳和冼星海兩位大概可能都傷感不出來了吧。

不過，卞之琳不論和冼星海相比，還是同他的老朋友何其芳相比，他在延安所表現出的心態是不同的，當時延安的生活是比較艱苦的，李廣田日記中曾經記載了卞之琳給他講，「其芳曾賣去鞋襪，換一餐飯」。在同年九月二日，李廣田在日記寫道：「得其芳信，要錢」。但在這種環境中，何其芳這一階段並沒有想回來，反而據沙汀講是「正在戀愛中」。這並非說是吃不吃得了苦的問題，而是很大程度上是和卞之琳的個人氣質性格有關，也和他對張充和那份不能割捨的感情有關。因爲氣質和風格的不同，所以一貫風風火火的何其芳寫了一系列歌頌延安自由、寬大、民主的明朗之作，也在到延安才兩個月的時候，何其芳就在沙汀和王宗一的介紹下，在魯藝加入了共產黨，而卞之琳卻沒有；因爲那份不能割捨的感情，卞之琳給自己延安之行定的計畫是短暫的，而何其芳卻一直留了下來，卞之琳自己也承認：「其芳到那裏就留在魯迅藝術學院教書，我則無非要求訪問延安和到前方去轉一圈罷了」。當時魯藝一期學員的學習時間是三個月，等到三個月後，這一期結束，何其芳與沙汀也已經回到了延安。於是在這年夏天，卞之琳離開了延安，先到西安，然後乘便車回西南大後方。

從他這一時期的作品來看，卞之琳這一時期的詩在藝術上，同前期相比多少有點粗糙，但也是自然的，是合乎當時現實的。抗戰中的中國，炮火連天，硝煙瀰漫，國家、民族、家庭、個人，一切都決定於戰爭，詩也難以例外。在那時，不但一切具有現實傾向的詩人和詩論家以對一種過於偏重個人情感和個人的實驗的美學失去了耐心，而且讀者大衆要求的也是「參與性」的文學。所以，告別過去，隨時代潮流而動，幾乎成爲現代派詩人的唯一出路，空前的戰亂、顛沛流離的苦難生活一點點撕碎了他幻想的夢境。從一九三七年雁蕩山開始，到後來到成都，到延安，然後又回成都，卞之琳亡命在大半個中國的土地上，卻沒有一個地方能安放下他的那個「圓寶盒」。也許在顛簸流離的這條路上，卞之琳看到了未見過的美麗多嬌的山水風景，也許卞之琳會面對這些忽然有了詩興，但一抬頭，看看天上的呼嘯而過的飛機，就在周圍自己身邊，那麼多的人被炸死，那麼多的土地變成了戰場，他心中那塊抒情的小天地，已經慢慢地變成了焦土。

盧溝橋一聲炮響，震撼了詩人的心靈與神經，三〇年代不同派別的對峙彷彿在一夜之間就突然消失了，幾乎所有的詩人都一起唱起了民族解放的戰歌。三〇年代後期，中國大量國土淪陷，詩人們面對民族的生死存亡，直面血與火，刀與劍的社會現實，對社會人生，民族興衰進行著新的反思。在那時，抗日救亡成為了生活和創作的主題。儘管國統區、淪陷區、解放區由於所處的政治環境不同，詩歌創作常常表現出題材和基調的多樣性和差異性，但都不離表現人民抗戰，人民解放的主題。民族的災難和時代的風暴把詩人們推向了血污的現實面前。

不過，當時的詩壇更多的是悲壯激昂的單一聲調，「粗劣的宣傳味」、「火性的喊叫」、「膚淺的感情」，是當時詩壇的一種通病。絕大多數詩人都是這樣，在那熱情蓬勃的時期，「詩人普遍受到了情緒底激動正是當然的，但激動的情緒並不就等於詩人用自己脈搏經驗到了，用自己的語言表現出了隱伏在表皮下面的、時代底活的脈搏底顫悸」⑤。這時的抒情詩得失兼備，成績和缺陷都很明顯。抗戰初期，詩人們受到戰爭的激蕩，情不自禁地為時代而歌，大多數的作品偏於抒情一路，且形式短小。隨著抗日戰爭進入相持階段，詩人們的心境由興奮狀態轉入冷靜，對時局和形勢的認識逐漸加深。於是，出現了從抒情到敘事，從詩到散文的轉變。艱苦的戰鬥削弱了詩人廉價的樂觀，於是，選擇題材不再限於正面的英雄和戰鬥，而是要在比較廣闊的畫面上從多角度反映抗戰的現實生活，更深入地表現時代和社會的變動，揭露這些現實狀態在人們的心靈深處引起的劇烈變化，在本質上把握抗日對中國的巨大影響和隨之而來的改變。在艱苦的生活歷程中，他根據不同的題材，不同的內容而採取不同的形式，運用不同的筆法。事實上，抗戰轉入持久以後，卞之琳深入到抗戰的深處，在前線，在敵後，在農村，接觸到了大量的現實場景，也加深了對現實的理解，不僅看到了光明的一面，也看到了黑暗的一面。

但卞之琳的可貴之處在於，當他用新的價值標準轉化自己的思想和創作時，並不是一味的盲從，卞之琳精細的性格使他對當時充斥詩壇、缺乏藝術性的抗戰詩，是不願效仿的。在他心中，「好詩」的判斷標準已經在以前形成，很難改變的。於是，這種內在的矛盾推動他去做新的藝術探索，試圖建立藝術表現和政治內容的恰當結合。正因爲如此，卞之琳在面對與以前大異的書寫物件時，仍然在實現藝術創造的探索，在這一時期的創作中，保留了與他早期詩歌風格的連續性。在他的反映抗戰現實和抒發愛國熱忱的詩中，他的特質依然存在，《慰勞信集》明顯受到了西方現代派詩人的影響。卞之琳的創作可以反映出現代主義從情緒

化到智性化的發展，把民族的憂患，內心的鬥爭，深處的心靈體驗與對生命的哲學思考結合起來，顯得沉靜也深化了內涵，

第二節　聯大歲月

卞之琳從延安回來時，並沒有直接回成都四川大學。而是去找了李廣田。他在延安時知道了李廣田已經隨校溯漢水徒步西行，轉入四川，在羅江立足，當時在羅江國立第六中學第四分校教書。因此，一九三九年夏天卞之琳從西安搭便車回西南「大後方」的路上，就順便到羅江棄車找廣田，八月十九日在他的那個學校歇一夜。當時，陳翔鶴、方敬等也到了那個學校。當晚，幾個人坐在一屋，卞之琳當時以無黨無派的身份，大大咧咧，暢談了從成都到延安的這一路見聞，和這一年來令人興奮的切身體會，李廣田這時忽然悄悄地提醒卞之琳說話要小心些，卞之琳這才意識到當時的環境是不能侈談「自由」的。第二天，卞之琳就改談以前在峨眉山遊玩鍛鍊時所遇所聞的一些趣事，當晚，可能說話不是很方便，李廣田就約卞之琳還有方敬一起到附近的金雁橋散步。後來，沒多久，李廣田等一個個都不容於那個學校了。

作爲老朋友的李廣田是如何看待卞之琳這一時期詩風的變化呢？李廣田在一九四〇年七月二十五日得到了卞之琳寄來的《慰勞信集》及《七七二團在太行山一帶》。當晚在日記中寫道：「晚，讀完《慰勞信集》，有些頗不易懂」。在七月二十六日也就是第二天的日集又記：「讀完《七七二團》，句子相當彆扭，眞有點弄巧成拙，我以爲尙不如《麥色青青》，作爲歷史看當然是可以的，然而有些地方確太技巧」⑥。而穆旦後來在香港《大公報．文藝》論卞之琳的《慰勞信集》時，也說到了卞之琳此一階段的詩「新的抒情」太少。李廣田是卞之琳的摯友，穆旦也是對卞之琳早期的詩歌推崇備至，在後來與卞之琳之間還有點師生關係，兩位的話應該都是中肯客觀的，並未有個人的偏見。一個說「技巧太強」，一個說「新的抒情太少」，恰恰切中了卞之琳此階段詩歌創作的兩大困境。聞一多曾說過卞之琳是技巧大師，的確，雖然卞之琳此時的詩出現了一些變化，但是不管怎麼說，卞之琳的《慰勞信集》相當精緻，但格局不大，卞之琳是「微雕大師」。當時對詩歌特殊的政治要求常常使得庸俗的「政治工具論」很有市場，這多少限制了卞之琳詩藝和創作個性的發揮，局限了詩歌的藝術品位。按照自己原有的創作路數來寫，難免出現李廣田指出的「技巧太強」，而且這樣寫出來的詩，不能說沒有眞情實感，但多少和當時的衆多的詩歌一樣，千人一面，感情的抒發顯得機械僵硬，流於普通，「沒有新的抒情」。從卞之琳的個人性格和氣質上來說，他是不太適合寫這種詩的。「那時的詩歌都是時代的詩歌——充滿時代共識精神的詩歌，而詩人的個性的光亮則沒有充分閃射出來。⑦」應當說，在當時的現實主義的詩潮湧動中，卞之琳是「寂寞」的，也是不太合群的。雖然他試圖加入到這一潮流中來，也曾經這樣嘗試過，但他或多或少的意識到自己的孤獨，在那個時候，他回來了。在李廣田的記憶中，從延安回來的卞之琳雖然有著新經歷過後的興奮，但很快地，他又陷入自己「波折」的愛情幾乎不能自拔，在李廣田八月二十二日的日記中這樣寫到：「之琳談她自己的故事，一談竟日⑧」。她自然就是將他折磨的無可奈何的張四小姐，這一年，卞之琳剛滿三十，看看老朋友李廣田早已有家庭和兒女，而此時的何其芳在延安的熱火朝天中，也開始了自己的戀愛，已是而立之年的卞之琳，心中突然萌發了一股寂寞的感覺，寂寞的他又想到了心中的那塊「魚化石」。

在李廣田處住了將近十天，八月二十六日卞之琳本想告辭，但因爲夜裏下起了大雨，未能成行。第二天天氣晴熱，卞之琳告別了李廣田等人，於九月初回到成都四川大學復職，然後隨四川大學搬去峨眉山，他在那裏的雷音寺續寫完《第七七二團在太行山一帶》，隨即一氣又寫了十幾首詩編成一小本《慰勞信集》。這兩本稿子都被陳占元帶到香港，於一九四〇年出版於明日社。到學年結束，四川大學校知道了卞之琳曾經去過延安，於是就停發了聘書。

同年秋天，卞之琳即轉往昆明西南聯合大學外文系任講師。卞之琳一到昆明，就專程趕到昆明北郊去看望了被他尊爲師長的林徽音，當晚在其家住了一晚。一九三七年抗日戰爭爆發，北京大學、清華大學和南開大學經長沙遷移到雲南，合併成立了西南聯合大學，直到一九四六年抗戰結束後才重新分開。卞之琳主要教四年級中英互譯課，也教大一英文開過一個學期的亨利・詹姆士選修課和小說藝術選修課。在艱苦的歲月裏，西南聯大的外語系的英語教學卻呈現出欣欣向榮的景象。除燕卜孫、溫德等外籍教師，在此執教的還有陳福田、潘家洵、錢鍾書、陳嘉、葉公超、袁家驊、吳宓、卞之琳、李賦甯和楊周翰等人。當時的昆明，西南聯大的校園內可謂是學術界精英薈萃，它是戰時的知識份子雲集之地，政治上也容許相當程度的思想自由。王佐良描述當時聯大的情景時寫道：「聯大的屋頂是低的，學者們的外表襤褸，有些人形同流民，然而卻一直有著那點對於心智上事物的興奮，在戰爭的初期，圖書館比後來的更小，然而僅有的幾本書，尤其是從外國剛運來的珍寶似的新書，是用一種無禮貌的饑餓呑下了的」⑨。

聞一多當時也來到了西南聯大，他在一九四〇年讀到卞之琳剛出版的《慰勞信集》，「看來有點出乎他意外，卻給了慷慨的嘉許」。早年倡導「格律詩」不遺餘力的聞一多在四〇年代轉而反對起「純詩」來。他認爲「在這新時代的文學動向中，最值得揣摩的，是新詩的前途」，新詩得「放棄傳統意識，完全洗心革面，重新做起」⑩。爲此，他提出「詩是應該自由發展，什麼形式，什麼內容的詩我們都要」⑪。希望反映嶄新的時代生活，「獲得廣大的讀衆」，時代的需要和歷史的使命有力地改變著詩歌界的創作觀點和審美趣味。

然而，令人不可理解的是，在這種環境下，在聯大的這種氛圍中，又有師輩對他的稱讚，卞之琳卻放下了詩筆，是什麼原因呢？據卞之琳自己講：「皖南事變後，我妄以為在統一戰線問題上沒有什麼好談了，就從一九四一年暑假起不問外事，課餘一心埋頭寫我的一部定名爲《山山水水》的長篇小說，自以爲我只有寫出他，才對國家和民族會有一點用處」。

於是在一九四一年的暑假，卞之琳開始創作長篇小說《山山水水》。卞之琳對這部長篇所付出的心血和付諸的決心都是巨大的。在一九四三年八、九月間他寫完了《山山水水》的全部草稿後，開始加工修訂，但因爲估計全稿在當時「西南大後方」不能出版，於是在一九四四年，他又開始即著手用英文譯改，這就更沒完沒了。一直到聯大解散，卞之琳依然在不停地寫，從昆明到天津去之前的一九四六年夏秋，他先後在無錫太湖邊的古廟和朋友錢學熙的西鄉老家，完成了上篇的英文初稿。而後到了英國一年多的時間，他所做的主要事情還是在譯改《山山水水》。一九四二年初，卞之琳自述「曾因私事到重慶，被周恩來同志知道了，承邀去親切晤談並留吃晚飯，深爲感動。但我回昆明後，仍固執先寫完小說再去考慮其他問題⑫」。

反觀卞之琳周圍的朋友，比如李廣田這時候與卞之琳相比表現出來狀態是完全迥異的。李廣田在卞之琳一九四〇年夏天到昆明西南聯合大學以後，很快地也去西南聯合大學敘永分校，第二年在秋冬間他又隨校遷來昆明，此後，直到一九四六年夏天學校復員爲止，兩人就經常見面。卞之琳描述這時期的李廣田：「在這期間，他在西南複雜的現實鬥爭中，態度日益明朗起來，這從他那個時期的散文寫作裏就會領略出一、二：視野開闊了，愛憎更加分明；文風也進一步變了，枝蔓漸除，骨幹益挺，雖然並不是劍拔弩張，卻在淡言微中自有戰鬥性」⑬。

而以前沉醉於古書典籍當中的聞一多，也在西南聯合大學後期，政治上日益覺醒，行動上日益積極，而卞之琳面對老師的轉變，卻依然因爲忙於《山山水水》，當時只是「僅以有所不爲而站在他一邊而已」。聞一多和卞之琳在昆明西南聯合大學共事一共六年（一九四〇——一九四六），但是不同系，住處又分散（有幾年卞之琳每星期又一半或多半住在鄉下，而且各在一方），接觸不多，只是曾到聞一多最後的宿舍所在地西倉坡去看望過他幾次。聞一多對當時卞之琳的狀態也是頗有微詞的，卞之琳回憶：

我想起正是聞先生所說西南聯合大學風氣轉變的一年，一九四四年在我出席的一個文藝晚會上聞先生發言（現據《全集》已集，發言題爲《新文藝和文學遺傳》，時間是五月八日），最後提到我，說現在我「已不作詩了，……作新詩的人往往被舊詩蒙蔽了漸漸走向象牙塔」。我心裏明白這是對我的諷勸。事實上我確乎從一九三九年秋後到當時早已五年不寫一行詩了（這以前聞先生受約編一本新詩選，曾要我自選一些給他，我心不在詩，後來也竟忘了），而以後呢，還過六年，到一九五〇年，我才重新開始偶爾寫寫詩⑭。

那麼《山山水水》到底是一部怎樣的小說，是什麼理由讓卞之琳放下了詩歌和翻譯，而沉醉於它的創作之中呢？

「皖南事變」發生後，卞之琳對抗日統一戰線頓生幻滅感。再加上卞之琳當時有了一點閱歷，就不滿足於寫詩，他認爲「詩的形式再也裝不進小說所能包括的內容，而小說，不一定要花花草草，卻能裝得進詩」，因此，「在一九四一年，妄圖以生活實際中『悟』得的『大道理』……寫一部『大作』，用形象表現，在精神上、文化上，豎貫古今，橫貫東西，溝通瞭解，挽救『世道人心』。⑮」卞之琳對聞一多對其「作新詩的人往往被舊詩蒙蔽了漸漸走向象牙塔」的提醒，在後來給出的理由是：「問題不在於我寫不寫詩、我走不走向象牙塔，問題的實質是一九四四年開始聞先生積極參加了當前的鬥爭，而我從『皖南事變』以後開始意氣消沉，教書以外就悄悄埋頭寫我到一九四三年中秋才完成草稿的一部長篇小說，只是聞先生並不知道。而我接著修改它的時候，又禁不住開始用英文譯改了，聽了聞先生的批評，我還是固持下去，妄以爲我只有這樣做才會對國家和人民會有點用處」。

除了以上這些，卞之琳寫《山山水水》還有沒有其他的原因呢？

《夏濟安日記》是一本非常出名的日記，風靡海外二十多年。其中有二三十處提到卞之琳以及他的愛情。夏當時在西南聯大教書，他愛上了班裏的一個女學生。但這位很有才華的傢伙，一面對愛情，往往就顯得笨拙了。他自己內心狂熱，只知深愛對方，卻拙於表示，結果對方卻渾然不知，倒把自己弄得苦惱不堪。卞也是這種類型。這也大概是夏之所以在日記裏多次提到卞的原因吧！當卞之琳到聯大教書，到昆明去跟張充和相會時，她卻很快就隨單位遷到了重慶。從此又是兩地暌隔。大概就在昆明期間，張充和向卞之琳攤了牌，使他頓感絕望、萬念俱灰，感情上「受了關鍵性的挫折」。後來一九四三年初，卞先生曾去重慶找張充和，期望她能回心轉意，但無濟於事。

沈從文先生一直喜歡戲稱張充和的二姐張允和爲「媒婆」，因爲老三張兆和與沈從文的婚事基本上是由她撮合的。不僅如此，她還定奪了大姐元和與名伶顧傳王介的婚事。只有張充和的婚事不是她做的主，張充和後來不打招呼就匆匆嫁給了當時在中國留學的美國人傅漢思。二姐張允和談到卞之琳與四妹張充和的戀情時曾說卞之琳和張充和根本就合不來，一個太樸訥，一個太活躍。在這種失敗的心境下，他「埋頭寫起一部終歸失敗的長篇小說來了。」儘管他本人一直說寫作這部小說的目的是要「挽救世道人心」，但他要拯救的可能還有他自己的已然破碎的心。《山山水水》這部小說初稿是完成了的，但一九五〇年代初期他把全稿焚毀了，看過全稿的只有他的那位「溫柔的朋友」；不過，那時侯「已經不能燒乾淨了」；因為小說的好多片段在四〇年代已經發表過了。一九三八年，香港山邊社出版了這部小說的片段的連綴；從這些片段以及卞之琳後來關於它的交代來看，小說用了織網似的敘事和語言技巧，相當繁複，這樣一部小說的寫作對當時的作者來說具有自我療傷的功效，有助於縫合作者心靈的碎片。另一方面，卞之琳自己說，書名「含有山水相隔又相接的矛盾統一意味」；但「山」和「水」又隱喻男和女，所以卞之琳自己又說小說的主線是「一對青年男女的悲歡離合」。他在編織男女主人公的故事的同時，也在追念自己的戀愛經歷；寫作對於他來說，是人生缺欠的一種補償。

除了寫作《山山水水》之外，卞之琳自述：「抗戰期間，我已在大學教書當職業了，在這條路上不得不向上爬，才對有些專題多讀了一些書，得魚忘筌，也就當敲門磚拋開」⑯。這一時期，卞之琳發表的有關學術論文是較多的，伴隨著寫《山山水水》，卞之琳的研究與趣亦轉移到小說上，他曾經在外文系開過一學期「小說藝術」選修課，闡釋福斯物（E. M.

Forster）、米爾(Edwin Muir）、盧伯克(Percy Lubbock)等有關的著作的論點。一九四二年的五月，《十年詩草》由香港遷桂林的明日社出版。一九四三年學年結束前評升副教授。在十一月，翻譯奧登的《戰時在中國作》五首，發表於《明日文藝》第二期，一時廣爲傳誦。第二年，英國作家白英編《當代中國詩選》英譯，想收入卞之琳的詩若干，於是，卞之琳就自選《春城》、《距離的組織》等十六首，並自譯成英文，於一九四七年在倫敦出版。這年冬天，卞之琳偶然得到衣修午德發表在《哈潑市場》(Harper's Bazaar）畫報上的新作《紫羅蘭姑娘》，當即一口氣將其譯出，這是他擱下譯筆八年後的第一本譯書。一九四六年的三月，卞之琳寫了《紫羅蘭姑娘》譯序，隨後將英文序文連信寄給衣修午德。四月得到衣修午德的回函，頗受讚賞：「如果譯文跟你的序文一樣好，那麼我就不能要求更好了。⑰」卞之琳後來將序文中文稿以《衣修午德的〈紫羅蘭姑娘〉》爲題，發表於《文藝復興》一卷五期（一九四六年六月一日）。

注重年輕一代的培養是京派的傳統，像當年徐志摩和沈從文將卞之琳推上詩壇，葉公超和廢名提攜卞之琳不遺餘力一樣，雖然這時的「京派」圈子已經不那麼明顯，但卞之琳依然保持著繼承了這個傳統，對當時西南聯大年輕的一代幫助很大。在卞之琳的許多學生眼裏，他是怎樣的呢？許介昱說，「他帶著濃重的華東口音，又不善於雄辯，這使得他的講義每每難於理解，宛如他某些禁得住咀嚼的詩篇。他戴著高度的近視眼鏡，清癯的面頰又常常不加修剪，更加重了他的沈默寡言」。袁可嘉在回憶卞之琳時寫道：「我在一九四一年秋天進入昆明西南聯大外文系，才知道卞之琳的名字，當初還把『卞』字寫成了『卡』字。一九四二年上他的翻譯課，覺得他口才不怎麼樣，批改作業卻很認眞，很見功力。不久，我讀到他的用土紙印刷的《十年詩草》，經歷了一次大振奮：『中國新詩竟還有這樣的傑作！』⑱」

當時以九葉詩派爲代表的年輕一輩創作群可以說是才氣逼人，「……在許多下午，飲著普通的中國茶，置身於鄉下來的農民和小商人的嘈雜之中，這些年輕的作家迫切地熱烈地討論著技術的細節。⑲」九葉詩派的多數人都是在三〇年代現代派詩人的影響下走上詩壇的。「九葉」之一的辛笛在抗戰前就和卞之琳關係很熟。他們中的大多數人先後是西南聯大的學生，當時西南聯大正刮起一股「現代主義風」，很多年輕一輩的詩人都將自己的興趣從浪漫主義轉向現代主義，大都把卞之琳和後來到一九四二年馮至出的《十四行集》奉爲國內詩人中必讀的經典。而在一九三六年他的翻譯文集《西窗集》，在當時的西南聯大文學青年中競相閱讀，傳誦一時。卞之琳、馮至、李廣田等一起熱心對艾略特、里爾克、奧登等西方現代派詩人加以介紹。聞一多當時在編《現代詩鈔》；英國現代詩人威廉・燕卜蓀在聯大開設了《當代英國詩歌》課程。卞之琳的用「戲劇性處境」和「戲劇性臺詞」來營造詩的意境，給了九葉詩人們很多啓示。

除了盡心傳道授業外，卞之琳還非常注重推薦青年學生進入文壇和翻譯界，他當時爲很多學生譯文集尋找出版發行的機會，還經常親自作序推薦，如亨利·詹姆士《詩人的信件》于紹方譯本序，大衛·加奈特《女人變狐狸》馮麗雲譯本序，詹姆士《螺絲扭》周彤芬譯本序，凱瑟林·安·坡持《開發的猶大樹》林秀清譯本序，桑敦·槐爾德《斷橋記》黃惟新譯本序，他還將六種譯本合編爲《舶來小書》的第一批，初向貴陽文通書店推薦出版，其後被轉交重慶人生出版社，可惜後來一九四五年叢書停出，只是出版了三種。

雖然忙於寫作和教學，卞之琳還是爲昆明多種新辦的小報（如《觀察報》）寫數篇諷刺雜文，今尚存六月三十日寫成的《巧笑記：說禮》（重刊於桂林的《新文學》一卷二期，一九四四年一月一日）及稍後寫成的《驚弦記：論樂》（重刊於上海的《民歌》一卷一期，一九四六年八月一日）。用曲筆諷刺當時重慶政府推行「制禮做樂」的尊孔運動。一九四五年，昆明學生「一二·一」慘案後，卞之琳發表了一則文字《血說了話》，哀悼死難同學。後被屠岸從當時文獻中發現，經卞同意分行收入人民文學出版社一九八三年出版的《一二·一詩選》和一九八四年出版的《雕蟲紀歷》增刊新版，如果按照分行的話，《血說了話》是卞之琳在西南聯大期間寫的唯一的一首詩。

第三節　山山水水

很快的，西南聯大準備解散，即將復員北返。卞之琳在這一學年提早結束前他被評升爲教授，他所在英文系，原屬南開大學編制，聯大解散後，卞之琳要去天津。他在五月十一日與趙全章、袁可嘉等數人乘卡車出發，經貴州、廣西，在梧州乘船到廣州，換船至香港，在北大同學千家駒家裏住了數日。六月乘船到上海，住李健吾家，下旬曾回海門鄉下探視闊別十年之久的老父親，僅住一晚。卞之琳在上海重見了許多舊友新交，如蘆焚、錢鍾書、楊絳、王辛笛、夏濟安等，也重見了從重慶到上海的張充和。

七月初旬去無錫，經錢鍾書父親錢基博介紹住在太湖邊的黿頭渚廣福寺，利用學校搬家復課的長期籌備的空隙，埋頭譯改小說。而就在這時，卞之琳從遊客口中得知了聞一多在昆明遇害的消息。卞之琳在千里之外得到恩師遇難的噩耗，心情是怎樣的呢？卞之琳在多年後的一篇紀念聞一多八十生辰的文章中這樣寫道：

其間曾有一個月，我一個人住面臨太湖的黿頭渚廣福寺的一個偏院的一套兩間的屋子。我好像與世隔絕，報紙也難得看到。一個炎熱的下午，我在外間揮汗伏在打字機上，時斷時續，一邊思索一邊改稿的時候，有幾個遊客竟然闖進這個僻院以至我的住處，打斷了我的工作。他們好意和我攀談，我心裏正還有點不高興，他們卻告訴我說從報上看見了聞先生被害的消息。我便木然，更不說什麼話了，反而咬緊牙關，狠狠在打字機上敲擊，好像以此來表達我的哀思。無動於衷嗎？實際上就像窗外的萬頃平湖，我是心潮起伏，感慨萬千。現在聽了聞先生的噩耗以後，我只有反而更不問外事，加勁埋頭。⑳」

人常常是固執的，卞之琳此刻沉醉於他的《山山水水》中，幾乎不能自拔。就在當年，《山山水水》三個片斷：《桃林：幾何畫》發表在《文藝復興》二卷二期（一九四六年九月一日，署名薛理安），《山水、人物、藝術》及《山野行記》發表在上海《觀察》週刊創刊號及一卷七期（一九四六年九月一日及十月十二日）。

在黿頭渚住了一個月後，卞之琳遷往無錫西鄉新瀆橋，住在西南聯大同事錢學熙老家一個多月。在這中間，卞之琳曾經到蘇州又去看望張充和，並在張家和張充和一起過了中秋節，這是卞之琳第二次到張家，第一次是在一九三六年，那一次他和張充和一起去看了天平山的紅楓，但這次見面並沒有給卞之琳像上次一樣看到「彼此無心或有意共同栽培的一粒種子，突然萌發，甚至含苞」，而相反，甚至可能是愛情之花的枯萎凋落，卞之琳也沒能像上次一樣「開始做起了好夢」。九月十七日卞之琳從無錫回上海候船北上天津，暫住王辛笛家，卞之琳在王辛笛家，向老友傾訴自己在感情上的不幸，他取出了一卷隨身帶的，張充和爲他抄寫的《數行卷》，卷末署有「爲之琳抄」四字。這一卷軸是用銀粉寫的，抄錄了卞之琳的《斷章》、《圓寶盒》等七首詩（在人民文學出版社出版的《中國現代作家選集》叢書的《卞之琳》卷上，卷首就有這幅卷軸的照片）。

卞之琳在十一月初乘船到天津南開大學任教。李廣田也是分配到南開大學，他比卞之琳先到。在中國轉了一大圈，倆人又都回到了北國，而且都住在西柏樹村，南北相隔一箭之遙。後來，吳廷璆也從武漢大學到南開，此時吳廷璆也早已結婚。不久之後，內戰就開始了。李廣田家裏，進步青年川流不息。而卞之琳依然是在教課之餘，埋頭於《山山水水》的譯改中。一九四七年寒假，卞之琳到北平，見到了很多的舊交和同事，物過境遷，自是非常感慨。

一九四七年《紫羅蘭姑娘》、《浪子回家集》及《窄門》譯本先後在二月、六月、九月由上海文藝生活出版社出版。四月，發表譯詩奧頓的《小說家》於《東方與西方》一卷一期。六月一日，發表譯詩艾略特的《西面之歌》於天津《大公報·文藝》版。

隨著內戰的擴大，國內的形勢日趨緊張，卞之琳也想啓程去英國了。本來他在一九四五年就獲得英國文化協會邀請他以「旅居研究員」的身份去英國作客一年，但他一直沒去，把行程推辭到了一九四七年暑假。卞之琳在暑假前提早結束教課，先到了上海，住在王辛笛家，然後往南京辦理赴英護照，由當時已任外交次長的葉公超作保，順利辦到，然後回上海與當時同獲英國文化協會獎學金的二十名進修人員會齊，準備出國。

卞之琳在臨行前又去蘇州小住幾日，向張充和話別。說什麼已經不重要了，卞之琳的來意很清楚，他甚至可以不去英國，但張充和又一次拒絕了他，這也是張充和最後一次拒絕他，因爲此後不久，張充和就去了北平，經人介紹認識了在中國進修漢語的美國人傅漢思，在一九四八年十一月兩人結婚（卞之琳當時正居住在英國古老的中世紀村莊裏譯改小說），隨即雙雙去了大洋彼岸。從一九三三年的初秋到一九四七年的夏天，從青年到中年，這份戀情或者說是單相思，一直伴隨著卞之琳十四年，讓卞之琳痛苦，也讓卞之琳勇敢，還讓卞之琳吟出纏綿晦澀的詩句，更讓卞之琳的人生路多少因此而改變。

七月卞之琳等乘船去香港，中旬搭英國撤兵運輸船離港，九月初始抵利物浦，轉往牛津。他一去就與牛津大學拜理奧（Balliol）學院取得聯繫，作爲常客，每週去教師席晚餐一次。由院長介紹，卞之琳住城北公園區克利克巷，他在這段時間的日子過的是很悠閒的，沒有必須要完成的科研任務，平時主要是埋頭修訂《山山水水》英文譯改稿。偶爾到拜奧學院高級講師著名史學家希爾（Christopher Hill）夫婦家去坐坐。當時在牛津進修的楊周翰、王佐良、裘克安等和卞之琳也常有往來，他們有時也常去熊式一家，受特別好客的熊夫人以中國菜款待。王佐良是一九三九年從西南聯合大學畢業的，卞之琳應該算他的師輩，不過王畢業後留校任助教，倆人也算是同事。後來王佐良考取了中央庚款公費留學，成爲英國牛津大學茂登學院的研究生，導師是著名的研究英國文藝復興的學者威爾遜教授。在倫敦時，卞從未去過當時的中國大使館，但卻到過陳源家裏。

卞之琳這時常看戲劇演出，關於莎士比亞的，包括勞倫斯奧裏維埃(Laurence Olivier)主演的電影《哈姆雷特》，和在倫敦上演的《李爾王》和《馬克白》兩個悲劇，並且還去訪問過莎士比亞的故鄉。從上中學開始，卞之琳就接觸了莎士比亞的戲劇，在這之前，他曾經試譯過一二，而在這之後，卞之琳翻譯了莎士比亞的《哈姆雷特》，以及以後出的《莎士比亞悲劇四種》，在翻譯界有較好的口碑，甚至有人認爲代表了中國莎士比亞翻譯的最高成就。不久，他在夏季獨自遊覽了「湖區」。

在去英國後的第二年，卞之琳專程去劍橋拜方了福斯特。而這不久後，衣修午德回英探親，邀請卞之琳於六月十五日在倫敦皇家咖啡館（Cafe Royal）午飯（即《紫羅蘭姑娘》書中寫到的飯店），飯店相偕參觀泰特畫廊（Tate Gallery）。卞之琳將自己的《山山水水》上編英文譯改稿交給衣修午德，請他提提意見。不久，卞之琳就接到衣修午德七月三日來信，對《山山水水》表示讚賞，並提出對其英譯的意見。

英國的生活對卞之琳來說，是難得的平靜，從一九三七年抗戰開始，從上海到成都，從延安到昆明，後又到西南聯大回遷，卞之琳的足跡漂泊了大半個中國，漂泊了幾乎十年，加上國難，加上愛情的不順，卞之琳心可以說長久以來是難得安靜的。此時的卞之琳呼吸著牛津新鮮的空氣，徜徉在老師徐志摩曾經描繪過的美麗的「康橋」，此時的他可以說是「不知魏晉」，沉醉於《山山水水》和與英倫紳士的「神交」之中。所以卞之琳在「旅居研究獎」一年期滿後，沒有走，繼續留在英國譯改他的《山山水水》，而且，不久後，就遷往牛津以西幾十公里外的柯茨渥爾德山（The Cotswolds）中世紀小村，繼續譯改小說。並開始譯改下編。在這個小村冬季的某一天，卞之琳忽然讀報看到了有關正在進行著的淮海戰役消息，他好像聽到了淮海戰役的隆隆炮聲，而這炮聲也好像震醒了他的迷夢，一朝恍然，親見到實踐的檢驗，自認失敗，終於擱筆。他想到了回國。而這部卞之琳花了大量心血的《山山水水》，在回國初期，卞之琳在翻看存在國內的小說中文稿上編時，感到內容因爲主要寫抗戰初期前後方知識份子的不同反應與介入，不符合寫工農兵的文藝政策，就連同帶回國的中文稿下編，自己將其毀廢。而英文譯改稿則在「文化大革命」初期散失。眞正得此小說面目的也就只有寥寥幾人了。

卞之琳歸心似箭，在熊式一家住了幾日，就在十二月二十日乘客輪離開了英國，在船上過了一九四九年的元旦後，在一月中旬抵達香港。英國文化協會駐港辦事處請了英國人梅樂彬（Bernard Mellor）去接他。淮海戰役剛剛結束，港津交通尚未恢復。卞之琳留在香港候船北上期間，就住在梅樂彬在香港大學校內寓所。將從《山山水水》英文譯改稿復原的第一卷兩章，加題爲《春回即景》，發表在香港《小說》月刊四、五兩期上。卞之琳在香港還見到了戴望舒，戴望舒對卞說自己決心要來解放區，當時戴望舒在香港日子過的很舒服，但他的哮喘病顯得厲害，似乎不宜於遠行。就在三月中旬臨走那幾天他的哮喘病正在發作。在卞之琳的印象中，他有一次帶著自己的兩個女兒到旅館的時候，連一層的樓梯都爬不上，到了房間裏，又喘得連一些行李都不能清點。戴望舒當時因爲生活方式不同而與夫人分開了，但在臨走前的晚上，由於擔心戴望舒的身體和女兒，就趕到旅館來看他，在卞之琳眼中他們之間顯得感情還很好，可是戴望舒走意堅決，堅持不讓第二個孩子留在香港。戴望舒喘了一夜，第二天上船，還是那麼高興！卞之琳說起此事，晚年依舊感慨，「現在回想起來，眞好像他預感到不久於人世了，定要趕來看一看解放了的北京」。事實上，牢獄之苦和長年的漂泊，戴望舒的身體已經很差了，他回國後參加了全國文藝界第一次代表大會的盛會，被推選爲作協詩歌工作者聯誼會理事。然而卻還不到半年，一九五〇年二月二十八日，戴望舒就與世長辭，時年僅四十五歲。

卞之琳與戴望舒等人是一直等到三月中旬，才從香港乘運紙貨船北上，冒充押貨員，終於到達塘沽，乘火車直達北平，先後重見到周揚與周恩來。卞之琳並沒有回到南開，不管怎麼說，北京對於他來說是意義深刻的，所以卞之琳在四月接了北京大學的聘書，在西語系任教，時任北京大學外語系主任的是朱光潛，開英詩初步、文學翻譯、作文等文學基礎課。同事中有重來中國的英人燕卜蓀(William Empson)。李廣田在卞之琳去英國的當年秋天，就從南開大學轉到清華大學。卞之琳和自己的老朋友在清華園相見，倆人欣喜之餘，眞不勝滄桑之感。卞之琳還見到廢名，當時也是興高采烈，不過當時倆人不同系，大家都忙，接觸不多。

在一九四九年的六月，卞之琳參加了全國文學藝術工作者代表大會，分配在南方第一代表團，被選爲中國文學工作者協會（後改爲作家協會）理事。會後，隨代表團到上海，然後回海門探視父親。在夏天快要結束時，卞之琳與應邀北上清華大學的錢鍾書、楊絳夫婦及其女兒同車回北平。一九二九年，當年僅十九歲的卞之琳被北京大學錄取，北上求學時，也是和錢鍾書同車而去。過了整整二十年，已到不惑之年而依然孑然一身的卞之琳不知此刻作何感想。在這之後不久，初次結識了以後的伴侶——在《工人日報》任編輯的成都人青林。

一九四九年十月一日，卞之琳在北京天安門廣場參加了中華人民共和國開國大典。卞之琳看到身邊這麼多舊識的師友，面對那樣一個全新的環境，他站在對他有重要意義的北大講壇上，多少會有點激動和興奮，隨後不久，他就寫了《開講英國詩想到的一些體驗》發表在《文藝報》上。一個嶄新的開始似乎在卞之琳眼前鋪開……

【註釋】

①何其芳《從成都到延安》，載《文藝陣地》第二卷第三期。

②卞之琳、吳伯蕭合著《從我們在前方從事文藝工作的經驗說起》。

③卞之琳《冼星海紀念附驥小識》，見張曼儀編《卞之琳》，人民文學出版社一九九五年版，頁一三六。

④蒲風《一九三六年的中國詩壇》，《蒲風選集》，海峽文藝出版社一九八五年版，頁七〇〇。

⑤胡風《四年讀詩小記》，《胡風評論集》（中），人民文學出版社一九八四年版，頁三四七。

⑥李廣田《李廣田散文》卷三，中國廣播電視出版社一九九四年一月版，頁五一八。

⑦龍泉明《中國新詩流變論》，人民文學出版社，頁六一三。

⑧同⑥，頁三九一。

⑨王佐良《一個中國詩人》，引自《蛇的誘惑》，珠海出版社一九九七年一版，頁二。

⑩聞一多《文學的歷史動向》，見《聞一多全集》第十卷，湖北人民出版社一九九三年版，頁一九—

二〇。

⑪聞一多《詩與批評》，《聞一多全集》第二卷，湖北人民出版社一九九三年版，頁二三〇。

⑫卞之琳《生平與工作》，見《中國現代作家傳略》，四川人民出版社一九八一年五月版，頁七三。

⑬卞之琳《〈李廣田散文選〉序》，見《人與詩：憶舊說新》，三聯書店一九八四年一版，頁七六。

⑭卞之琳《完成與開端：紀念詩人聞一多八十生辰》，見《人與詩：憶舊說新》，三聯書店一九八四年一版，頁五。

⑮張曼儀《卞之琳著譯研究》，香港大學中文系一九八九年出版，頁八六。

⑯卞之琳《雕蟲紀歷・序》，見《雕蟲紀歷》，人民文學出版社一九七九年版。

⑰張曼儀《卞之琳著譯研究》，香港大學中文系一九八九年出版，頁二〇九。

⑱袁可嘉《文如其人——痛悼卞之琳老師》。

⑲同⑨。

⑳同⑭，頁四。

第五章　為時代「哼唱」

第一節　回國初期

一九四九年三月中旬，卞之琳和戴望舒等一行數人先來到香港，然後冒充押貨員乘船北上塘沽。經塘沽上岸後，他們又坐上火車，日夜兼程直奔北京。

到北京後，他們入住翠明莊招待所。卞之琳就走上了新的工作崗位：

我回到北京後不久，就被北京大學找去在西語系任教。一九五二年院校調整後，成立北京大學文學研究所（後改屬中國科學院），我就改任該所研究員；一九六四年另成立外國文學研究所，我也就改屬新所（即今日的中國社會科學院外國文學研究所）。①

有人這樣描述當時的北大：

那時北大沒有現在北大那樣漂亮，也沒有湖光塔影。紅樓雖聞名遐邇，但當眼見爲實時，確有名不符實的感覺，只不過是顯得陳舊的一幢普通磚木結構的多層樓而已。……

……總之，上世紀五〇年代初的北大，確無大廈，但這絲毫無遜於北大之大，北大之大在於大師雲集，群賢畢至。校長馬寅初，副校長湯用彤，教務長張景鉞都是原中央研究院院士。就以當時的三個外語系爲例：東方語言文學系有季羡林、馬堅、金克木；西語系有朱光潛、馮承植（即馮至）、卞之琳、羅大岡、潘家珣；俄語系有曹靖華、魏荒弩、龔人放。②

卞之琳的一生與北大密不可分。從當初在這裏受徐志摩等人的提攜而走上文壇爲世人所熟悉，到親自登上三尺講臺面對莘莘學子，再到後來被揪爲「牛鬼蛇神」，北大誠爲卞之琳安身立命之所在。

而就在走上講臺不久，卞之琳就根據自己開課時的一些感觸，寫成《開講英國詩課的一些體驗》，並在同年的《文藝報》一卷四期上發表。

這一段時間，大批華北解放區和國統區的文藝工作者陸續來到北京。

「爲了總結我們彼此的經驗，交流我們彼此的意見，接受我們彼此的批評，砥礪我們彼此的學習，以共同確定今後全國文藝工作的方針與任務」③，一九四九年六月，第一次全國文學藝術工作者代表大會在這樣的背景下召開。

會議代表八二四人，郭沫若爲大會總主席，茅盾、周揚爲副主席。在開幕式上，朱德總司令代表中共中央，董必武代表中共中央華北局和華北人民政府，陸定一代表中共中央宣傳部，先後發表講話，祝賀大會的召開，並對文藝工作提出了希望和要求。

卞之琳作爲代表參加了這次大會，並在會議結束後被選爲中國文學藝術工作者協會理事。他還參加了後來舉行的第二、三、四屆文代會，並都被選爲中國作協的理事。

從此之後，卞之琳以無限的熱情投入到新中國的新文化建設之中。

文學不是空穴來風，而是根植於鮮活的社會現實，特別和當時的政治密切相關，這也就是古人所說的「文章合爲時而作，歌詩合爲事而做」。自然，由於作品樣式和作家技巧以及思想觀人生觀的不同，政治在作品中反映程度有所不同。

「自鴉片戰爭以來的中國近代歷史證明，凡屬根本性的社會政治變革，總是要反映到文學上，引起文學性質的變化。這一事實，證明了魯迅說的『政治先行，文藝後變』的光輝論點。」④

「由於近世社會急劇變動，迫使作家重新評估自己在世上的地位以及對世人的責任，其結果是他採取嶄新的態度從事創作，他對社會作出了承擔。他摒棄了置身事外的立場，以主動甚至戰鬥性的姿態介入當前的矛盾衝突，因此，他是有意地反映現實的某些問題，以謀求改變現實。」⑤

「我國的積弱和列強的侵略促使五四新文化運動從開始便孕育了『承擔』的精神，歷二、三十年代而漸趨壯大，到全面抗戰到達了頂點。在中華民族生死存亡的關頭，全國作家都對抗日戰爭表了態或參加了行動，或投筆從戎，或到戰區去，用筆或其他方式支援抗戰。在如此氣候當中，卞之琳寫出了《慰勞信集》等一系列報告文學作品，對時代和社會作出了承擔。一旦走出了個人世界，面向大衆，便沒有退回書齋去的理由了。歷史不斷向前推進，新中國成立後，文學和政治社會的關係更顯密切，作家如不是自動自覺，也會被要求對當前運動表態或參與。強烈的時代感和社會意識，對作家來說，可以是創作的原動力和靈感的來源；一篇好的文學作品，首先得根植於它的時代，才能爲後世所欣賞，即是先具有特殊性才具有普遍性。負面來說，社會潮流的向背和政治管制，也可造成壓力，叫作家不自覺地人云亦云，泯滅了他的眞知灼見。」⑥

新中國成立之後，在相當長的一段時間之內——具體地說，是在一九五〇年到一九五八年，卞之琳的寫作圍繞著「承擔文學」展開。其中一個很明顯的證據就是，在這幾年中，他總共只寫了四十首詩，數量只是一九三〇年到一九三九年一百二十首詩的三分之一，而就是這四十首詩，又是集中寫於三個年頭：一九五〇年寫抗美援朝，一九五三年寫農業合作化，一九五八年寫社會主義建設。

第二節 「翻一個浪頭」

抗美援朝戰爭是新中國成立之後，第一件具有世界意義的政治事件。

一九五〇年六月二十五日，朝鮮內戰爆發。美國爲了維護其在亞洲的霸權地位，立即出兵干涉。二十六日，美國總統杜魯門命令美國駐遠東的海、空軍參戰，支援南朝鮮（韓國）軍。二十七日，杜魯門發表聲明，宣佈派兵進入朝鮮，並令美國海軍第七艦隊進入臺灣海峽。

中國主張和平解決朝鮮問題，對於美國武裝干涉朝鮮內政表示極大義憤。六月二十八日，中華人民共和國中央人民政府主席毛澤東號召：全國和全世界的人民團結起來，進行充分的準備，打敗美帝國主義的任何挑釁。同日，中國政府總理兼外交部長周恩來發表聲明，指出：杜魯門二十七日的聲明和美國海軍的行動，乃是對於中國領土的武裝侵略，對於聯合國憲章的徹底破壞。

這一時期，卞之琳的創作很大程度上是和「抗美援朝」聯繫在一起的。

五〇年代的詩，就像是《慰勞信集》的新的版本，都屬於對現實的反映。⑦

就像七月中旬他所寫的《戰爭與和平》，繼承了《慰勞信集》的「和平」主題，對所有戰犯的下場作了「判決」：

交給全世界的人們，當戰犯審判未奠定持久和平。
空中來搗亂的給他打回去，
當心頭頂上降下來毒霧與毒雨。
保衛營，我們也要設空中保衛營。
單保住山河不夠的，還要保天宇。

同時，全體人民親手創造明天這一主題，在這一時期的作品中依然有著充分的體現：

「抓住了你的今日，
就帶來了你的明天」
「黑夜如果是母親，這裏是子宮，
我也爲早晨來體驗投生的苦痛。」
「不怕鋤頭太原始，
一步步開出明天。」
「今天開出了明天的起點。」

但是這一時期，卞之琳政治熱情高漲，也寫出了一些風格截然不同的作品，就像一九五〇年七月二十五日在《文藝報》上發表的短文《帝國主義的如意算盤》。這片文章一改之前溫柔敦厚的風格，措辭淩厲，情緒激昂。而這種淩厲的措辭和激昂的情緒恰巧反映的是作者思想的簡單化，這種思想的簡單化則造成了作品藝術上的粗糙化。

而這種思想簡單化的由來是有跡可尋的：

三〇年代卞之琳深受紀德的影響而逐漸形成的『進步』哲學中，『過去』曾佔有一個重要的位置，而這一點其實是對紀德的修正：『他喜歡叫青年一筆抹殺了過去，過去在現在和將來中的位置。這實在上忽略了傳統的價值，缺少了歷史的認識。』卞之琳認爲：『過去與將來，完滿與發展，互相推移，實也是最自然的眞諦。』所以他會說：『不怕進幾步也許要退幾步，四季旋轉了歲月才運行。』然而到了五〇年代，卞之琳從思想上已將『過去』與『將來』置於完全對立的地位。在他看來，中國大地上新與舊『兩種景象的交替』、『兩種文化的消長』，所取的完全是鬥爭的形式。這樣，他事實上肯定了他曾經否定的思想傾向：『把一切都分成兩半』、『只看出兩半之間的牴觸、衝突的價值，再也拼不成整體』。」⑧

但是，這一現象在當時相當普遍，非卞之琳所獨有。朝鮮戰爭爆發以來，中國的文藝工作者無不著書立說，紛紛表態；而「中華全國文學藝術聯合會」更是在十一月號召全國文藝工作者行動起來進行抗美援朝的宣傳與鼓動。於是，全國各地的文藝工作者以各種形式來響應號召，一時間，「抗美援朝」成爲文藝創作的主旋律。每一個文藝工作者都自覺或不自覺地成爲「抗美援朝」這一口號的傳播者和實踐者。

在這場火熱的運動中，情感質樸而濃郁的卞之琳在十一月這一個月的時間內，寫出了二十幾首飽含深情的「抗美援朝」詩，並結集而成同名詩集《翻一個浪頭》。

卞之琳對於這些詩是這樣評價的：「大多數激越而失之粗鄙，通俗而失之庸俗，易懂而不耐人尋味。」⑨

都可以享受和平，享受愛，
這邊送去鹽，那邊送來糖，
交換種子，合作，競賽。⑩

自然，當時政治運動的空前高漲，整個文藝界都處於一種狂熱的情緒之中，舊社會的懷才不遇和新社會的求賢若渴，使得他們當中的大多數「士爲知己者死」，對整個運動全身心地投入，全身心的付出。卞之琳也受當時形勢的影響，寫出了包括收集在《翻一個浪頭》中的很多缺乏深刻體驗、近乎口號式的作品，淺薄而粗糙。

可是，如果說卞之琳在當時的情形下，完全迷失了自己的主張和寫作的原則，那絕對是天大的冤枉。其實，他是想把寫詩「又當政治任務又當藝術工作」的：

寫的時候，我主觀上覺得又是響應號召又是自發，又當政治任務又當藝術工作，又是言志又是載道，用形式就內容也沒有困難。⑪

但是，在政治標準第一、藝術標準第二的文藝政策下和文化環境中，卞之琳的美好願望只能落空。最好的例子就是詩人自以爲政治和藝術結合得較好的詩被認爲是「晦澀難懂」，而一些完全沒有詩應該具有的韻味——譬如含蓄等——的詩則受到追捧，並爲讀者普遍尊重。

當然，也不是說對於《翻一個浪頭》全是溢美之詞，在該書出版同年的六月份《人民詩歌》上，柳倩的《評〈翻一個浪頭〉》對卞之琳提出批評：「作者在這一運動中未能進一步作本質的掘發，而僅從許多現象上摘取，又把一連串有血有肉的事實抽象化起來。」不僅如此，同爲新詩作家的他還對卞之琳的思想感情和政治覺悟提出質疑。卞之琳曾就這篇批評文章專門寫了回應，並寄給《人民詩歌》，但不知道什麼原因，並未被刊出。

當然，《翻一個浪頭》中也有相當的詩篇有著相當高的藝術水準。「這些琅琅上口、結合了西洋詩格律和中國民間文學形式的輕鬆詩，是卞之琳繼《慰勞信集》之後向這方面發展的成果，構成了《翻一個浪頭》的特色。」⑫

《翻一個浪頭》中收入了卞之琳在抗美援朝中寫成的廿三首歌，本來計畫中收入的《天安門四重奏》則因「在不適當的實際運用了不適當的藝術手法」而被臨時抽出。

《天安門四重奏》所涉及的內容非常豐富，它以天安門爲和平象徵，並由新中國上溯到秦漢而來的封建王朝。本來這種史詩式的題材，寫個二、三百行也不一定酣暢淋漓。而卞之琳卻只用四十八行，且在形式上用了四重奏的作曲安排，分五個樂章：凝重——輕鬆——凝重——輕鬆——凝重，第一章和第五章格式一樣，都是四行一節共兩節，每行四頓，押交韻；第二章和第四章一樣，都是四行一節的兩節，每行三頓，押交韻；第三章十六行一節，每行四頓，兩行一換韻。正是因爲這樣的章節以及頓、行、韻的安排，讀起來確實有了重奏的效果。

《天安門四重奏》一九五一年一月在《新觀察》上發表之後，緊接著的二月就有幾位讀者的批評文章——《對卞之琳的詩〈天安門四重奏〉的商榷》等——在《文藝報》發表。

綜合這些文章的觀點，主要在詩歌語言和藝術形式上對《天安門四重奏》作了抨擊。而在語言和形式上，又存在著一種邏輯關係：正是語言的難懂，使得藝術形式和手法也顯得不明朗。

關於難懂的因素，張曼儀歸納出三點：「一，省略和倒裝；二，用典；三，暗示，不明說。」⑬

譬如，這是天安門四重奏的第一個詩節：

萬里長城向東西兩邊排，
四千里運河叫南通北達：
白骨隊成了一個人去望海，
血汗流成了送帝王看瓊花！

李賜在《請不要把詩變成難懂的謎語》中認爲「叫」字在第二行用得費解。但是我們經過仔細地分析，可以知道，這個「叫」字用得並不費解。

「叫」在這裏是「致使」的意思，「四千里運河叫南通北達」可以這樣翻譯和理解——四千里多長的大運河使得南北水路得以貫通。「叫」這個動詞後面省略了賓語「水路」。至於「南北通達」這個片語，可以看作是由「南北通衢」或者「四通八達」衍化而來，同時與上一句的「東西兩邊排」構成一種呼應。

這一節中的三、四行中集中用了典，在用典的同時，在語法上也承襲了上面兩行的省略。「白骨堆成了」後面省略了「長城」，「血汗」後面省略了「運河」。「一個人去望海」寓意秦始皇東游觀海典，「送帝王看瓊花」則是是說隋煬帝到揚州看瓊花展。經過種種的語法處理，這幾句話有了深刻而豐富的內容。

我們應該看到，只要讀者有一定的歷史知識——或者說是歷史常識，同時又具備一定的語文基礎，兼以比較縝密的分析能力，那麼在領會和理解這幾句方面，不會存在什麼大的障礙，也不會有什麼「費解」了。

關於讀者的看法和意見，究竟應該怎樣來看待，卞之琳自己其實是有很清醒的認識的。

「讀者意見」應首先注意，但不能以「讀者意見」（尤其以部分讀者意見）代替評論。能有大批既注意群眾意見又敢講自己的不同意見的詩歌評論文章，也應該是我國詩歌發展的一個重要條件。⑭

後來，約請卞之琳寫《天安門四重奏》的林元曾在給柯岩的信中談到了這件事，他說，「這首詩我最近又找出來看了看，覺得雖然歷史的腳步越過了三十五年，但此詩至今仍不失為一首好詩。可是當時一發表出來，就受到了批評，說是『看不懂』，『此風不可長』。……這股極『左』思潮，就把這朵花推遲了三十年才綻開！但應該說，《天安門四重奏》這首詩，如果與當今詩壇的一些詩比，它是屬於『明白如話』的，易懂多了。」⑮

可見，當時那種「費解」的批評，也只是一個特定歷史階段的反映。

在開國之初，中國的文學創作存在這樣一種矛盾：作家對生活的深刻觀察和研究，往往落後於他們那種急於表現和歌頌新生活的政治熱情；作家對藝術技巧的探索和磨練，還不能滿足表達新的思想內容的需要。而這種矛盾之所以在相當長的一段時間內難以得到解決，在於當時的文藝界在貫徹毛澤東的「工農兵方向」和「文藝爲政治服務」的思想時，不顧和平建設時期和戰爭時期的不同歷史條件，不但未能適應新的現實要求轉變文學觀念，反而更加滋長了政治實用主義和「左」傾教條主義。複雜的文學藝術的的精神勞動，卻常常遇到把文藝的目的、任務及其與政治的關係簡單化、庸俗化的文藝批評。

而對卞之琳《天安門四重奏》的求全責備，便可以看做是這樣的產物。

在同時的情況下，對於任何批評，卞之琳不能在詩歌的藝術手法等方面和讀者進行探討，又不能一味地回避，這樣，他能做的就是一再地自責

> 我應該——而沒有——擴大我對讀眾負責的精神。
> 我應該——而沒有——加深我對讀眾負責的精神。⑯

不管這種自責在多大程度上是出於一種息事寧人，或者是在政治、輿論高壓下的屈服，但不可否認的是，這樣不顧事實地對詩人的作品任意加以否定的做法，讓詩人難以接受。所以在一九八〇年秋冬之交訪問美國，談到新詩時，卞之琳以過來人的身份，深有感觸地告誡後人：

> 長期以來，在國內，「難懂」二字，對於一位詩人的壓力很大，所以不要因爲易用

而隨便濫用。⑰

一九五一年二月，卞之琳隨北京大學、清華大學等各校老師組成的土地改革運動參觀團華東分團，到江蘇吳江參觀和參加平望區的土改運動。

雖然卞之琳出生在江蘇南通海門，和蘇州距離很近。但是他少小離家，以後一直在外漂泊，極少回家，所以這次有機會重回江南，對水鄉的風土人情著迷不已，開始了一種嶄新的體驗。在此期間，他深入蘇南農村，以滿腔的熱情寫成了兩篇文章《土地改革展示了兩種文化的消長》和《江南農村兩種景象的交替》。

在《土地改革展示了兩種文化的消長》中，卞之琳對蘇州新時代女性頗多描述，

我在南庫鄉的一個農代會上，參加了一個小組討論。十幾個農民男女，只有一個認了點字，已經能寫寫了。那是一個年輕的小組長……寫出來的字跡還清秀，很能達意……特別給了我很深印象的，她在寫的時候，在紙旁邊上裏，羞遮半面似的，不時翻看著一本小冊子，當字典用，我後來一看，那原來是一本冬學課本！

第二年暑假北京各大學進行院系調整，籌備成立北京大學文學研究所，卞之琳調爲研究員。在籌備期間，他參加了中國作家協會組織下鄉、下部隊、下工廠的準備，集中學習蘇共十九大文件，決定下江、浙農村參加農業合作化試點工作。從那一年的年底到年初，卞之琳

在上海住了一個多月，認眞閱讀了有關農業集體化與互助合作運動的基本理論和實踐問題的重要著作。經過了這些理論上的準備後，他以浙江新登縣城鐵嶺爲基地，先後參觀了江蘇省松江專區的金山、蘇州專區的吳縣一帶嘗試的合作社，直到十二月下旬才回北京參加作協的「詩的形式問題」討論會第二次會議。

在一九五三年十月，卞之琳對參加農業合作化近一年的經歷用「農業合作化」五首做了概括。這些詩以「秋收」爲主題，分別是《搓稻繩》、《手稻》、《採菱》《採桂花》、《疊稻摞》。

一九五八年初，卞之琳到十三陵水庫參加勞動，寫成了《十三陵水庫工地雜詩》六首。這兩個時期的詩是一個前後相繼的過程，是卞之琳對格律詩進行探索之後的實踐代表作。

在一九五四年初，卞之琳得到文學研究所的三個月的創作假期，準備就在江、浙期間參加農業生產合作化的體驗寫一部小說，名字也已經取好，叫《一年四季》，並在一個月的時間內擬好了全部四十章的提綱。但在當年的四月份，他開始莎士比亞的研究計畫，先作「四大悲劇」研究，爲了研究方便，開始「四大悲劇」的翻譯，這部小說的創作只好擱置在一邊。到第二年的五月份，他再次得到創作時間，並再度南下江浙。但不久反「胡風集團」開始，他必須回單位參加，這部小說的創作再次沒有完成。但是在回北京之前，他用另外的農村題材，在蘇州、上海寫出短篇小說《野豬田》，並在一九八三年發表在《人民文學》四月號上。這也是卞之琳除《山山水水》、《第七七二團在太行山一帶》外不多的小說之一。

第三節　格律探索

一九五〇年三月十日，北京《文藝報》以「新詩歌的一些問題」爲主題，刊登了蕭三的《談談新詩》、馬凡陀的《詩歌與傳統的關係》、田間的《寫給自己的戰友》等文章，對詩歌創作和發展中的一些問題以筆談的形式加以提出和凸現。這次筆談，雖然影響不是很大，但是已經指出當時詩歌的一些弊病，例如不夠精鍊，不琅琅上口，不能長久地流傳和被傳唱等等。作爲新中國成立以來的第一次有關詩歌問題的論爭，對以後中國詩壇重視、探討和實踐詩歌的格律問題起了重要的思想啓蒙作用。

雖然說，這次的啓蒙有著深遠的意義，但不可忽視的是，這個詩歌工作者普遍憂慮的問題，在當時並沒有得到很好解決，這從一九五八年卞之琳在文章中還繼續提出這個問題就可以知道：

中外詩歌的一個共同特點就是詩句最容易被大家記住。「五四」以來的白話新詩的一個突出的缺點就是很少詩句能爲大家所記住。不容易記憶的一個重要原因是：還沒有形成一種爲大家所公認的新格律(押韻是格律的一部分；民歌體卻大體上就有一種傳統的格律的)。更重要的原因確實不夠精鍊。不夠精鍊主要是屬於內容問題，但也包含形式問題，特別是語言問題。詩貴精鍊，中外皆然，但據我看來，我國舊詩詞似乎特別精鍊，這也是我們的一種民族傳統。⑱

一九五〇年《文藝報》上關於詩歌問題的討論卞之琳並沒有參加，直到一九五三年十二月二十四日中國作家協會創作委員會詩歌組召開的「詩的形式問題」討論會第二次會議上，卞之琳才對我國詩歌格律問題的觀點作了較爲詳細的闡述。

要談詩的格律問題，首先要談的就是詩的語言問題。有關詩的語言，艾青和聞一多都有過很鮮明也是一致的觀點——艾青認爲，「詩的語言也還是，而且必須是以日常的用語作基礎的」；聞一多認爲，要在現代口語的基礎上建立格律詩。他們有關詩的語言問題的觀點，其實也就是卞之琳關於這個問題的觀點。

在這個基礎上，卞之琳開始談格律詩。在給格律詩進行定義的時候，他又再次借用了艾青的觀點，「簡單地說，格律詩要求每一句有一定地音節，每一段有一定地行數，行與行之間有一定地韻律」，並對其進行了豐富、深化。

卞之琳抓住了艾青格律詩定義中的中心環節，即音節。他首先破除了大家對中國語言的一種錯誤的認識，即認爲中國語言是單音語言。他認爲，世界上的任何一種語言都不可能是單音語言，中國也不除外。他強調，中國字雖然是單音字，但中國語言卻不是單音語言。

接著，卞之琳又更正了人們的另外一個誤區：格律詩的格律基礎是每一句的字數。他認爲，能夠作爲格律詩基礎的只能是每一句詩的頓數和頓法。

他分析說，舊詩裏每句都有一定的頓數，一定的頓法。四言詩是「二」「二」兩頓；六言詩是「二」「二」「二」三頓；五言詩是「二」「三」兩頓（也可以說詩二頓半）。七言詩是「二」「二」「三」頓（也可以說詩三頓半）。因此，中國過去詩體有四六言和五七言兩大體系。每一句頓數又一定，字數也有一定，但字數不起決定作用，例如五個字一句不一定是五言詩體，相反，例如八九個字一句也可能合七言詩體。「近體詩」每一句各頓中平仄有一定的安排，但平仄的安排也還是頓的內部問題。

同時，卞之琳又論證了在西方國家的詩裏，「每一句有一定的音節」也是中心環節。相對應中國的「頓」的提法，在外國叫做「節」，或者按照英文的翻譯叫做「步」和「音步」。

卞之琳並對此作了較爲詳盡的介紹和解釋。他說，希臘文、俄文、德文、英文格律詩主要詩每一行有一定「節」數或者「步」數。每節或步裏，在希臘詩，有長短音的種種安排，在俄詩、德詩、英詩，有輕重的種種安排。長短音或輕重音的一定安排是節或步的內部問題。節或步包括綴音數目問題。但綴音多少不起決定性作用，因爲一行內單是綴音數目合乎某種詩體的要求，不一定就是某種詩體的一行；相反，節數或步數以及每節或每步的內部安排合乎某種詩體的要求，儘管由於每節或步裏內部安排略有變化，形成各種「格」，因而綴音數多了一些或者少了一些，這樣還是某種詩體的一行。希臘、羅馬詩有格律而不押韻，英國詩種有一種叫「五韻體」，例如莎士比亞在詩劇裏用的，彌爾頓在《失樂園》長詩裏用的，也是有格律而不押韻。一般說來，西方詩裏腳韻與格律也不可分，但也不是格律的中心環節。西方千變萬化的格律詩體也都離不開節或步的基礎。

綜合中國舊詩和西方詩的分析，卞之琳很有說服力地說明了這樣一個事實：新詩格律也必須以頓（節或步）作爲基礎。

卞之琳的格律論是繼承了聞一多要求每行音步數目相同，卻又打破了聞一多要求每行字數相同的約定，使詩歌再具備節奏性的同時又增添了靈活性。他的格律要求和何其芳的最爲相近，可是何其芳要求每行的頓數有規律和有規律的押韻，卞之琳卻認爲腳韻不是格律的中心環節，強調了頓的決定性作用。

在這一基礎上，卞之琳分別出「說話式」調子和「哼唱式」調子：一首詩以兩字頓收尾占統治地位或者佔優勢地位的，調子就傾向於說話式，說下去；一數首詩以三字頓收尾占統治地位或者佔優勢地位，調子句傾向於歌唱式，「溜下去」或者「哼下去」。認爲兩者同樣可以有語言內在的音樂性，可以爲新詩所容納。

到一九五八年，隨著大躍進運動出現了以大批的民歌，這批民歌很大程度上和當時的形式和環境相配合，毛主席也提倡民歌的創作與收集。在黨中央的發動和地方政府的積極回應下，一場大規模的民歌運動在全國展開，並且帶動起了全國性的對新詩的形式和發展問題的討論。借助專門的文學刊物——譬如《詩刊》、《長江文藝》、《文藝評論》等使討論日趨激烈和深入。

這場大討論中，卞之琳「爲了各方面的社會主義大躍進，有意見，不等成熟就拿出來，也是應該的。這裏我也就不等考慮成熟，也不顧正確與否，對於新詩發展問題，說幾點看法」⑲。這些看法也在實際上支持了何其芳關於新詩格律的觀點（當然，他們的出發點相同，但是著重點是不一樣的，卞之琳著重從頓法上分出五七言和非五七言調子，而何其芳則不一樣）。卞之琳認爲：

詩歌的民族形式不應瞭解爲只是民歌的形式。就說民歌的形式，主要雖然是五七言韻語的形式，也還有四六言韻語的形式。照我們今日的民族語言看來，五七言一路韻語調子便於信口哼唱（有別於按譜歌唱），四六言一路韻語調子倒是接近說話方式，便於照說話方式來念（包括戲劇性的朗誦）。我國詩歌本來只有爲了哼唱（或者稱「吟」）傳統，可是五四以來，受了外國詩的影響，爲了念（包括朗誦）也成了一種傳統。這種傳統到今天也不能說不屬於我國的民族傳統。而照這種新傳統寫出來的新詩形式也就不能說不是我國的民族形式。這種形式也不應排斥。實際上也是排斥不了的。⑳

而當時的情況是，有很多人把民歌這一形式在詩歌的民族形式中的位置提高到了不適當的位置，甚至在極少數人那裏偏激爲詩歌民族形式的唯一表現方式。所以，卞之琳的「詩歌的民族形式不應瞭解爲只是民歌的形式」這一中肯的論調，在當時泛政治化的文學環境裏，招來了不少的非議。

一九五九年一月二十九日，在〈人民日報〉第七版上，張光年同志發表了一篇〈在新事物面前〉的文章，對卞之琳的這些觀點提出了批評，他認爲：卞之琳一心只想到新格律，對於新民歌的藝術成就或者藝術革新的意義估計不足；因此，卞之琳不大贊成運用新民歌的體裁、格律或樣式來寫作，或者同群衆一起寫作新民歌。

在隨後《人民日報》組織的第三次詩歌問題討論會上，卞之琳對以上的批評作了駁斥。他說：

張光年同志那樣推論，不免落空。要說估計新民歌在藝術上的推動力量和新民歌本身的藝術價值，我是在《幾點看法》一文中，把內容和形式、思想和藝術合在一起，作爲統一體而估計的，估計結果絕不低於張光年同志自己的估計。只是我在那裏講了發展的意思，可能使張光年同志認爲我對新民歌的藝術形式有點不敬，因此就肯定我低估了新民歌的藝術成就，那麼問題是在他把藝術形式和藝術成就混爲一談，把彼此有聯繫的兩個概念兩回事等同起來看了。

卞之琳認爲，學習新民歌，除了通過它在勞動人民的思想感情裏受教育外，主要是學習它的風格、它的表現方式、它的語言，以便拿它們作爲基礎，結合舊詩詞的優良傳統、「五四」以來的新詩的優良傳統以至外國詩歌的可以吸取的長處，來創造更新的更豐富多彩的詩篇。

爲了更好的說明自己的詩歌主張，卞之琳在此之後概括了新格律的形成條件：

我不著重分現代格律詩和非現代格律詩，我著重分哼唱式調子和說話式調子。只要擺脫了以字數作爲單位的束縛，突出了以頓數作爲單位的意識，兩種調子都可以適應現代口語的特點，都可以做到符合新的格律的要求。而只要突出頓數標準，不受字數限制，由此出發照舊要求分行分節和安排腳韻上整齊勻稱，進一步要求在整齊勻稱裏自由

變化，隨意翻新——這樣得到了寫詩讀詩論詩的各方面的共同瞭解，就自然形成了新格律或者一種新格律。㉑

這樣的一種詩歌格律形成方式，是推陳出新的，同時也是切實可行的。它繼承了我國古典和民歌的格律傳統，借鑒了外國詩歌格律上的共同之處，結合了現代漢語的特點，一種集大成的格律詩創作方式，在新詩格律的探索上有突出的貢獻。

回過頭來看當初的論爭，在新詩的發展史上有著重要的意義。新民歌受到大力提倡而風靡全國的時候，出現了一些極端的呼聲，例如公木在《詩歌的下鄉上山問題》說每個詩人都必須學會歌謠體，必須大力寫作歌謠的新詩。這種提法固然是看到了民歌形式對新詩的重要性，但是如果因此而唯民歌體爲尊，或者泛民歌體，對其他合理形式的新詩一律加以放棄或者進行虛無地對待，勢必會造成民歌的畸形發展，呈現出一支獨放的局面。這就違背了「百家爭鳴，百花齊放」的文藝方針，並且將在很大程度上阻礙新詩健康而全面地發展。

在這場論爭過程中，卞之琳和艾青、聞一多、何其芳等人爲中國新詩地發展殫精竭慮，以無畏地戰鬥姿態和一些錯誤的詩歌傾向作了堅決的鬥爭，在表現了一名文藝工作者的責任感的同時，爲中國的新詩發展作出了不可磨滅的貢獻。

在歷時幾年關於詩歌形式和發展問題的討論過程中，卞之琳發表了若干的作品，對詩歌的格律進行了實踐，其中在《農業合作化五首》和《十三陵水庫雜詩》有著集中的體現。《農業合作化五首》指的是以「秋收」爲主題的五首詩，分別是《搓草繩》、《收稻》、《採菱》、《採桂花》以及《疊稻摞》，是卞之琳一九五三年的春天在吳縣逗留期間寫成的。《搓草繩》是四個詩節的短詩，每節四行，接近最爲受群衆歡迎的絕句格式，通篇每行以三字頓收尾，便於哼唱，例如第一節：

稻在田裏頭日日黃，
繩在手裏頭息息長，
保證不落在稻後頭，
女組長多幫忙男組長。

每行一律三頓，但不拘字數，正像詩人說的那樣，「擺脫了以字數作爲單位的束縛，突出了以頓數作爲單位的意識，兩種調子都可以適應現代口語的特點」㉒。第一第二行是排偶句，用疊字，且融入了吳方言「息息」，再如稻的生長和搓繩工作的競賽，借鑒了民歌的語言和表現方式。第三節恰巧是七言句，更加富有民歌風味：

一根稻草接一根，
兩股交成一條繩，

一條心捆萬把稻，
萬户人變一家人！

這首詩合拍了農業合作化的主題，筆力集中寫合作化對生產的積極作用，並寫了新興的勞動婦女形象，婦女不止能頂半邊天，而且賽過男人——「女組長多幫忙男組長」。最後一句詩喜劇式的大團圓結尾：

秋後登記先照相，
組長雙雙姿勢好。

兩個進步人物兩情相悅自由結婚，不是封建式的包辦婚姻，也反映了解放後的新事物。第二首《收稻》也寫新事物——一位幹勁十足的進步婦女「銀花」帶頭把孩子送進托兒所，以便更好地完成秋收工作。詩篇以小孩眉開眼笑地小臉蛋結束，滿懷信心展望美好的未來：

笑爹娘都好，對得起下一代；
笑豐收裝滿了國家的大船；
笑顯然停靠得到了對岸
就是拖拉機奔忙的未來……

這首詩篇幅稍長，每節四行，上引第三行用了跨引法，適宜朗誦。

《採菱》、《採桂花》、《疊稻摞》三首滲透著水鄉風味。卞之琳回顧當時的生活說：「其間我長住在天目山南，反復出入太湖東北和陽澄湖西南。……因爲工作收尾在吳縣兩側以後寫的，他們都滲透了水鄉景色，多數是試用一點江南民歌的調子，特別是《採菱》這一首，那卻又融會了一點舊詩詞的調子。」㉓《採菱》只有八首，全詩七言句，雙行一韻，一律三字頓結尾，適合哼唱：

蓮塘團團菱塘圓，
採蓮過後採菱天，
紅盆朝著綠雲飄，
綠葉翻開紅菱跳。

採蓮勿過九月九！
十雙木盆廿雙手，
看水採蓮先採齊，
綠楊村裏奪紅旗。

第一句充滿著「圓」的形象——「圓圓」的蓮塘，圓圓的菱塘，圓圓的木盆，以及紅綠相間的顏色，綠葉間飄蕩的大紅木盆和翻出的紅菱。第二節字數的相對和顏色的襯托，又顯現了特色，蘇州舊農諺的採納和傳統用大木盆當船的採菱方式的描述，使詩篇沾染了地方色彩，但一句「綠楊村裏奪紅旗」，又灌注了時代氣息，點出這是首新的民歌體新詩。

《採桂花》也是四行一節，雙行一韻，三字頓收尾的哼唱式調子，每行七個字，只有最後兩行例外：

湖灣裏花香多歡笑，
枝頭上讚揚村代表。

這也是首民歌風的詩歌，每行以三頓爲節奏基礎，但每頓字數變化較多，內容和形式的結合整體上沒有《採菱》那樣渾然天成。

最後一首《疊稻摞》也是四行一節，每行三頓，以三字頓結尾。開篇一連三行以方言「啥人家」起句，有拙樸的農家風味：

啥人家稻摞像碑亭？
啥人家稻摞像魁閣？
啥人家稻摞像寶塔

直現出村莊神氣足？

第二行比較單幹戶、互助組和合作社的勞動效能，充分見出合作社的優越性：

單幹户疊五畝稻；
互助組疊七、八畝；
十畝、二十畝不稀奇，
只要合作社動動手。

單一個疊字作一頓，突出了疊稻摞這工作以爲比較。最後一節說明糧食的生產有助於祖國建設發電站：

大船小船一齊來，
裝得稻緊裝得滿，
大擔小擔挑上岸，
千萬座稻摞出高爐！

頭三行七言，最後一行卻十八言，傳達出群衆高昂的情緒，讓詩篇戛然以止在祖國電力化的遠景上。

這些民歌體的新詩都學習了民歌的風格、表現手法、語言，以它們作爲基礎，結合舊詩詞，「五四」新詩傳統以至外國詩可取之處，創造出富有時代氣息的新詩歌。這些詩都集中寫生產，基於詩人對農業合作化運動開展之初的體會：「我……較爲深刻地體會到了一些問題。例如，單是一時地熱情，單是光榮思想，單是形式，沒有實際利益不能使農民組織起來得到成功。」在同一篇文章中，他又說：「農民最開心地當然是搞好生產，改善生活。我們到農民群衆中去，要和他們打成一片，當然就得多關心，從思想感情上關心他們的生產問題，生活問題。」㉔爲了推動農業合作化，詩篇都寫生產熱潮，對未來美好的展望，笑盈盈地報喜不報憂，描繪了片面地樂觀景象，卻也生動呈現了農家生活和水鄉風物，用字清淺而格律嚴謹，琅琅上口而耐人尋味，爲他的格律詩提供了實踐的成功例子，也對後來有些同志認爲他「一心只想到新格律，對於新民歌的藝術成就或者藝術革新的意義估計不足、不大贊成運用新民歌的體裁、格律或樣式來寫作，或者同群衆一起寫作新民歌」是一個很好地回擊。

一九五八年初，卞之琳到十三陵水庫工地參加勞動，寫成《十三陵水庫工地雜詩》六首，以日常口語爲主，多對話，回復到用說話式調子。像《農業合作化詩五首》一樣，這六首詩都用四行詩節；而跟《農業合作化詩五首》不同的是，這六首都以二字頓結尾占主導地位，每行一律三頓，只有第一首《向水庫工程獻禮》在格律安排上沒有翻出很多花樣。《十三陵遠景》只有四個詩節，其中八行是皇帝的直接說話。詩篇開頭如下：

皇帝相好了風水，
回朝廷規劃了遠景：
「叫四山環抱我骨頭，
彼此排千陵萬陵！」

每行基本上以二字頓收尾，從第三行就開始直接說話，持續了整第二節。第三節詩行一半以二字頓結尾，一半以三字頓結尾，調子還以說話式爲主：

人民翻身了圈水，
家家户户來開山，
叫山山有樹，樹樹青，
叫稻香飛過江南！

第三、四行融會了民歌和舊詩詞的色彩，前一句接近舊詩詞和民歌疊字的風格，後一句接近舊詞的格調，可見說話式調子也可以接近舊詩詞以至民歌的風格。最後兩行用了跨行法：

想不見十三件小古董
點綴了人民的大花園！

雖然以三字頓結尾，調子還是近乎說話式。這六首詩雖然也間或採用了民歌以至舊詩詞的表現手法，卻更多地承接了五四的新詩傳統，包括汲取自外國詩歌地手法，足以作爲詩人理論實踐地範例，可是也許由於詩人在工地上勞動的時間不長，對題材的熟悉和掌握，不及他對農村生活認識的深入，因而詩歌的內容也遜於《農業合作化詩五首》了。無論如何，上述十一首詩的創作和發表，足見卞之琳的詩不是架空設想，是完全經得起實踐的檢驗的。㉕

第四節　幹校生活

一九六四年，中國科學院哲學社會科學部屬下的外國文學所分出了外國文學部分，成了外國文學研究所，簡稱外文所，委任馮至爲所長，卞之琳也改任該所的研究員。

九月中旬，外文所全體人員到安徽「下鄉建所」，國慶前後從合肥趕到壽縣協助當地的幹部開展工作。

一九六六年五月，卞之琳隨外國文學研究所的部分同事，到京西郊區門頭溝參加農村「四清」運動，在公社集中學習爲下鄉作最後的準備。這時，「文化大革命」開始，集中學習的知識份子全部回城到原單位參加運動。綜觀整個文革，卞之琳由於生性淡泊，從不與人交惡，也未曾官居要職務，在「十年浩劫」中受到的衝擊並不是很大。

運動開始後，外文所的紅衛兵在中科院的舊食堂召開大會，宣佈本單位的黨政領導「靠邊站」。在這次大會上發生了一件事情讓卞之琳記憶深刻——身為外文所所長的何其芳堅持要參加領導工作，他說，「我畢竟是所長嘛」！這使得同時被召集去旁聽的外文所其他同志感到苦笑不得。其實，「他（何其芳）後來在『幹校』也是認真工作——養豬」。㉖他還根據自己的經驗，寫了一個養豬訣。

那時還只是一些黨政領導「靠邊站」，到了八月份，外文所的其他同志——例如卞之琳等被檢舉揭發揪為「牛鬼蛇神」，作為「三反分子」開始接受批鬥，待遇也從此發生了變化：第一，不發工資，每月發生活費若干元；第二，每天上班後，身上掛牌，牌子上寫明自己的身份和自己招認並經過群眾審定的罪狀；第三，組成勞動隊，行動聽指揮，並由「監管小組」監管。

在非常的歲月，總有非常的鬧劇。那年的秋天，外文所的「大鬼」「小鬼」被「捉」到北京的吉祥戲院，主角是何其芳，他披麻戴孝，拄著哭喪棒，平時繫鞋帶都有困難的他彎腰一百八十度時間長達一個多小時在那裏挨鬥認罪。最後，卞之琳等「牛鬼蛇神」小角色一個個被點名上臺亮相，跑個龍套然後下臺。

之後，厄運降臨到卞之琳頭上，他一九六二年在《世界文學》五、六、七、八月號上連載的《布萊希特印象記》被指斥爲「極右大毒草」，爲此，卞之琳被開過三次專場批鬥會。本來，卞之琳的《第七七二團在太行山一帶一年半戰鬥小史》也是被狠批的物件，後來因兩派「造反派」之間的爭鬥，卞之琳才逃過這一劫。

一九六七年九月，卞之琳等人得到本單位兩派造反派的同意，「解放下樓」了。這樣一「下樓」就是一年多。「下樓」之後就是「靠邊站」，上班自學，也不要被強制參加勞動了。「全體人員先是『集中』住在辦公室裏，六、七人至九、十人一間，每天清晨練操，上午和晚飯後共三個單元分班學習。過了些時候，年老體弱的可以回家住，學習時間漸漸減爲上下午兩個單元。」

在此期間，卞之琳遇到一件莫名其妙的事情。一個素不相識的外地青年人匯了二十元錢給卞之琳，並在匯款單上寫了幾句讓人摸不到頭腦的話，同時還有一封不知所謂的信。好在經過調查，那個男青年患有精神病，卞之琳才得以清白。

一九六九年十一月十一日，中科院的文學所等兩個研究所最先下放到河南羅山，由此揭開了中科院下放的序幕。

這兩個所動身下放的時候，中科院熱鬧異常，敲鑼又打鼓，下放人員整隊而出，像個小學生那樣排著隊，既好笑又讓人心酸。

下去的人已經走了，可是沒有走的，像卞之琳等，還得繼續學習、勞動。先是挖防空洞，挖完防空洞就把書搬進去。有些書年代久遠，長期以來沒有人動過，積累了厚厚的一層灰，人一去碰，就是漫天的灰塵，雖然大家都戴了口罩，但還是忍不住咳嗽，有的人甚至咳出黑痰。

在忐忑不安中等待的人對於先下去人的消息總是分外關注。錢鍾書是隨同文學所「先遣」的，經常和他通信的楊絳便有了一項任務：講述「先遣隊」同志的情況。大家最愛聽的是有關何其芳的一個笑話，說是在羅山幹校當地竭澤而漁，食堂改善伙食，有紅燒魚，何其芳連忙拿了自己大漱口杯去買了一份；可是吃來味道很怪，越吃越怪，他撈起最大的一塊想嘗試個究竟，一看原來是還沒未泡爛的藥肥皂。

不久，卞之琳所在的外文所——那時侯已經有了另外一個稱呼「連」——終於接到出發的通知了，目的地是河南息縣。在一九七〇年七月十二日，卞之琳等登上南上的火車，動身去幹校了。

到達息縣「五・七」幹校之後，他們先借住在老鄉家。但那終究不是長久之計，於是他們開始抓緊時間自己造房子。那時候磚頭很難找，便自己用泥坯代替。但是脫坯不是一件輕鬆的活兒，又重又髒。當時卞之琳年屆花甲，已經做不動這些活兒。所以，靠著一些一同下放的年輕人，卞之琳他們搬出了老鄉的房子，住進了「新房」。

既然是「幹校」，幹活是少不了的。「幹校的勞動分爲很多種。種豆、種麥是大田勞動。大暑天，清晨三點鐘空著肚子就下地。六點鐘送飯到田裏，大家吃罷早飯，勞動到午時休息；黃昏再下地幹到晚。」「養豬是最髒又最煩人的活兒。菜園裏、廚房裏是老弱居多，繁重的工作都落在年輕人肩上。」㉗

卞之琳就在老弱之列，被安排在食堂幫忙。他是一個很認眞的人，做學問是這樣，就是在幹校勞動時，也沒有改掉這樣的毛病：

他做事可以專注到無視自己和周圍環境的癡迷狀態。我（袁可嘉——筆者注）記得有一次我們同在食堂勞動，洗韭菜。我們一般把一把韭菜分幾撮沖洗一下就完事，他卻要一根一根地洗。食堂師傅看得不耐煩了，就沖著他說：「老頭兒，幾百人等著吃呢，這樣洗可不行啊。」㉘

幹校在淮河邊上，這裏連續兩年乾旱。雖然說沒有遭遇水災是一件好事，可是生活和種地的水卻成了問題。與卞之琳他們連相鄰、也屬於中科院的另一處幹校卻有一口機井，據說有十米深，他們就常常過去討水喝。

別的地方也有一些人力挖出來的井，只有兩三米深，水也是渾濁不堪。但是有時候渴起來也只好喝這些不敢下嚥的水。當然，在喝的時候，不管有用沒有用，在吊桶裏放一小瓶痧藥水，權當消毒。

遠水不解近渴。幹校決定自己挖一口井。

但是，息縣這個地方的地質很硬，卞之琳這些「老弱」是出不了什麼力氣的，主要還是靠那些小夥子用兩把鶴嘴鎯來挖。在衆人的齊心協力下，經過一天的突擊，終於挖出了一個深潭。但是這個深潭就是打不到水。由於當時有楊絳和另外一位女同志在場，便有人嘀咕，挖井不用女人，有女人就不出水。說得兩個女同志心裏也老犯嘀咕，直怕眞的出不了水，把責任全推在她們身上。好在後來挖到兩米的樣子，井底下的土就漸漸開始潮潤，水開始出來了。

這時候從井底挖出來的就全部是爛泥了。「越挖越泥濘，兩三個人光著腳跳下井去挖，把一桶桶爛泥往上送，上面的人接過來往旁邊倒，霎時間井口周圍一片泥濘。」⑳這樣的勞動量和強度實在是太大，到後來，連後勤排的同志也趕過去幫忙了。

就這樣幹了很多天，井的深度已經達到三米。後來水越來越多，一些小夥子也吃不消了，就請來兩個高個子的年輕人。由於當時是夏天，井外的溫度很高，井內卻陰冷異常，但是這兩個年輕人卻熱情很高，並不懼怕刺骨的井水。

功夫不負有心人。一口井在衆多人的通力合作下，終於大功告成。在別人的指點下，楊絳從廚房借了一個酒瓶，好所歹說從距離兩里路的幹校「中心點」買了一斤燒酒。大家都興沖沖地用喝水的大杯小杯倒了酒，就著泥塊似的水果糖喝了起來。

除了和惡劣的自然條件作鬥爭之外，卞之琳他們奉爲老師的貧下中農還得時時小心。他們辛辛苦苦種的白薯，會在一夜之間被偷掉很多壟；他們種的白菜會每每還沒有長好的時候就被人齊根剁掉，非但如此，他們還振振有辭：「你們天天買菜吃，還自己種菜！」就是連他們種的樹苗，也被他們拔去，拿到集市上去賣。最讓人氣憤的是，幹校在收割黃豆的時候，他們不等結束就來搶收，末了還來一句，「你們吃商品糧的！」

但是卞之琳在這樣的環境下，並沒有對生活失去希望。他還是「勤勤懇懇工作，寄希望於未來」㉚。

一九七一年，中科院幹校大搬家，由息縣遷往明港某團的營房。這標誌著卞之琳他們在幹校已經進入了一個新的階段——由「勞動」改爲「學習」。學習的內容不明白，大概就是學習如何階級鬥爭吧。

這裏的日子比起息縣來，愜意了很多。單說住的，就比以前改善了不少。息縣多雨，一到下雨天，滿天滿地的都是泥漿。寄住在老鄉家中的時候，走到廚房吃飯，就經常有人因爲雨天路滑，摔成泥猴子。那裏老鄉家的廚房只是一個窩棚，四面透風，站在邊緣吃飯的人最倒楣，雨涼颼颼地往身上打，風涼颼颼地往身上刮。只有窩棚中間地比較乾，還能稍微遮一下風雨，所以到了吃飯的時候，大家都往中間站，擁擠不堪。吃飯的地方是這樣，住的地方也好不到什麼地方去。一般農村人家的房子都是土坯房，四面都是土坯包得嚴嚴實實的，只留一個窗洞。白天的時候，屋子裏一團漆黑，伸手不見五指。

到了這裏之後，卞之琳他們住的是大瓦房，不僅地方大，還有明亮的玻璃窗，屋子裏的地上鋪著洋灰。房子周圍的環境也不錯，可以在沒有事時散散步。和在息縣還有一個很大不同的地方是，這裏的廁所很正規，不像那時紮一圈蘆葦，然後在中間挖一個坑就完事。方便的時候，還要提心吊膽地，生怕有人不小心闖了進來。有時候，遇到上廁所的高峰，比如在午飯、晚飯之後，上趟廁所還要排隊，輪上自己還要好半天；就是輪到自己了，還不能盡興，因為有人在外面實在急得不行，所以只能匆匆地解決戰鬥。

到了這裏之後，既然是學習，自然會議就多了起來。有時候，一整天就是開會，大會小會議一個接著一個，直把人開得昏昏欲睡。乾脆，有得人就練成一種開會睡覺的本領，你說你的，我睡我的。為了防止被突然叫起來發言，幾個要好的還互相把風，輪流睡覺；誰不幸被叫起來發言的話，邊上的人就會如此這般地提醒一下。

除了開會，學習的另外一個內容就是看電影。由於這是學習，所以不能「蹺課」。電影都是晚上露天放映，卞之琳他們晚飯後就各自提著馬紮，排著隊到廣場上坐在指定的位置上。別看只是看電影，又不用考試，只要人去就可以，有時候也讓人很難受。因爲天氣和場地的原因，有時候分配的地方可能一片泥濘，由於廣場上的地方就那麼大，所以也不能換個地方，只好把馬紮放好，一屁股坐在上面。爲了防止不期而至的暴雨，每個人還要帶好雨具。由於是夏天，一到晚上，蚊子就特別猖狂，一大群一大群的就那樣衝下來。

一九七一年底，第一批「老弱病殘」回京。這中間沒有卞之琳。在他們回京那天，很人都到廣場去歡送。雖然替那些能夠早日脫離苦海、回京和家人團聚的人高興，但是一想到自己，很多人就高興不起來。許多人是悵然地看著一輛輛大卡車載著人和行李走開，然後悶悶不樂地回到宿舍。很多人都在盤算，「老弱病殘」的名單裏什麼時候有自己。

到一九七二年三月，又有一批「老弱病殘」被遣送回京，卞之琳還是不在其列。和他一樣失望的，還有錢鍾書和楊絳夫婦。「我還沒有不希望回北京，只是希望同夥都回去。不過既然有第二批的遣送，就該還有第三批、第四批……看來幹校的人都將分批遣歸。我們能早些回去，還是私心竊喜。㉛」卞之琳的心情大概就和他們一樣吧。

時間到了當年的七月份，卞之琳終於隨同下放的大部隊回到了北京。到北京後，大家都恢復原職，但是政治風雲仍未平息，繼「批林批孔」之後，又有了「反擊右傾翻案風」，工作單位依舊是一片混亂，學術業務工作繼續無限期地停頓。

經過幹校這兩年的生活，已經接踵而至的運動，身心憔悴的卞之琳只願意做西方組的臨時召集人，不再負責西方組。

從這時到「四人幫」被粉碎，卞之琳只是斷斷續續地進行著外國文學的學術研究，在運動當中「偷得浮雲半生閒」。從一九五八年開始，種種原因，卞之琳不再寫詩，但是在一九七六年初，他還是寫了五首詩，並且是舊體詩：一首五律《學習毛主席〈重上井岡山〉》，四首因周恩來逝世而寫的七律。卞之琳一向不反對舊詩，但本著提倡新詩的原則，本沒有把這五首詩拿出來發表。只是後來悼念周恩來的七律中的一首被臧克家偷偷拿到《花城》，並在一九八〇年一月在《花城》文藝叢刊第四集刊登出來。但這首詩的發表，有著重要的意義，它標誌著經過若干年的沉寂，卞之琳的文學活動重新開始了，並進入了一個新的時期。

【註　釋】

①卞之琳《生平與工作》。

②李傳松《我在大學一年級的時候》。

③郭沫若《中華全國文學藝術工作者代表大會紀念文集》。

④《中國當代文學史初稿（上冊）》。

⑤張曼儀《卞之琳著譯研究》。

⑥同⑤。

⑦江弱水《卞之琳詩藝研究》。

⑧同⑦。

⑨卞之琳《雕蟲紀歷》。

⑩卞之琳《得過且過大家都不得過》。

⑪卞之琳《關於「天安門四重奏」的檢討》。

⑫同⑤。

⑬同⑤。

⑭卞之琳《對於新詩發展問題的幾種看法》。

⑮林元《關於〈又見蕉林又見蕉林……〉的通信》。

⑯同⑪。

⑰卞之琳《今日新詩面臨的藝術問題》。

⑱同⑭。
⑲同⑭。
⑳同⑭。
㉑卞之琳《談詩歌的格律問題》。
㉒同㉑。
㉓同⑨。
㉔卞之琳《下鄉生活五個月》。
㉕以上內容多見張曼儀《卞之琳著譯研究》。
㉖卞之琳《何其芳與〈工作〉》。
㉗楊絳《幹校六記》。
㉘袁可嘉《可敬的人品》。
㉙同㉗。
㉚同㉘。
㉛同㉗。

第六章　書齋生涯

第一節　莎翁研究

七六年底「文革」宣告結束，中國的政治、經濟、社會和文化狀況，也隨之發生了重要變化。國家領導層對這場「革命」，很快做出了明確的否定，稱其「是一場由領導者錯誤發動，被反革命集團利用，給黨、國家和各族人民帶來嚴重災難的內亂」。

文革期間，由於理論、信仰和現實生活存在的嚴重脫節，由於社會生活存在的荒謬性被深刻意識到，許多人都不同程度地經歷過思想地震盪，經歷過確立的權威的崩壞，思考和反省的潮流已經存在。對於思想戒律的懷疑、質詢，和突破思想禁區的衝動，形成一股巨大的潮流。到了七〇年代末，在各種條件的推動下，這股潮流沖出地表，出現了被稱之爲「思想解放」的運動。

思想解放，最初主要表現爲對當代中國的政治、經濟、文化路線和政策的檢討。文學界在這一思想解放的潮流中，首先做的也是被稱爲「撥亂反正」的工作，這被看作是爲文學進入新時期所作的準備。一九七七年，開始批判「部隊文藝工作座談會紀要」，和「紀要」中提出的「文藝黑線專政」的論斷。結束文學的「一體化」局面是許多作家最關注的問題，他們認爲這是文學發展的癥結：「在實踐是檢驗眞理的唯一標準面前，不存在什麼『禁區』，不存在什麼『金科玉律』」，①「要有藝術民主的局面」。②

一九七九年十月，在距離上一次會議近二十年後召開了第四次全國文代會。這次會議上重申在一九五六年提出的「百花齊放，百家爭鳴」的「文藝方針」。

在五六十年代，對外國文化採取的是一種有高度選擇性的方針；而在文革期間，則處於一種封閉的狀態。到了七〇年代末，思想文化界對中外各個時期的理論、文學作品的翻譯、介紹和研究進入了一個新的時期。在出版界，最初重印的是五六十年代的出版物——主要是十九世紀以前的古典文學理論和文學創作。六〇年代前期，一些出版社出版的供「參考」或者「批判」的理論和文學著作，也大多重印發行，如「漢譯世界學術名著叢書」、「現代外國資產階級哲學資料選輯」等。專門發表外國文學翻譯和文學研究的刊物激增。在五六十年代，這類刊物只有《譯文》（後改爲《世界文學》）一種。八〇年代以來，除了老資格的《世界文學》之外，又陸續創辦了《外國文藝》、《外國文學》、《當代外國文學》、《譯林》

等。

在八〇年代，文學界的譯介重點，特別轉移到二十世紀的西方理論和文學創作上面，西方現代文論和「現代派」文學成爲關注的焦點。五〇年代以來，「現代文學」或「現代派文學」成爲排斥、批判的物件，相應的翻譯、介紹、研究工作也基本停止，讀者和作家存在著瞭解的急切心理。

在這樣的背景下，卞之琳按照五〇年代擬定的關於翻譯莎士比亞「四大悲劇」的計畫重新開始了工作。此外，還有一個很重要的原因就是，經歷了文革的生活體驗的卞之琳，對西方作家的世界觀和藝術手法，以及在對其作品的理解上，產生了內在響應的心理基礎，也明白了中國當代文學落後狀況，開拓文學探索空間的文化上的緊迫性。

與此同時，經歷了文革的十年浩劫，卞之琳深感到世事的變幻無常。在這種情況下，他撰寫了一批紀念、回憶性文章，這些文章閃爍著作者睿智的判斷和精準的觀點。

「大家讚美卞老是大詩人，是傑出的文學翻譯家。他卻一本正經地說，他僅僅是從文學翻譯開始自己創作生涯的，而寫詩是早年爲謀生『偶一之爲』的。」

卞之琳的翻譯創作早在一九二七年他在上海浦東中學上學就開始了，當時他才十七歲，繼利用兩年的時間讀完莎士比亞的《威尼斯商人》原本之後，興致所至，私下譯完英國浪漫詩人柯爾立其的《古舟子詠》。從此之後，他的翻譯情節就一發不可收拾。一九二九年在北京大學英文系期間，選讀伊莉莎白時代到十九世紀末三個多世紀的二、三十位詩人的代表詩作一百多首，並將其中的大部分譯成中文。這些舊的譯詩，經過作者的修正，再加上後來的譯詩，並附加法國譯詩十二首，在一九八三年結集出版爲《英國詩選》，成爲同類譯作的經典。而無疑，是《莎士比亞悲劇四種》一舉奠定了卞之琳在中國翻譯界的重要地位。

其實，自從到了文學研究所之後，他就給自己定了莎士比亞研究計畫，也就是說，對莎士比亞作品的研究是他的本職工作，至於翻譯莎士比亞的戲劇，只是他爲了研究的方便而爲之。

從一九五四年開始，卞之琳的莎士比亞研究已經有了一些成果，先後寫出了《哈姆雷特》、《奧瑟羅》、《李亞王》的論文，又在一九六三年爲了紀念莎士比亞誕生四百周年，完成了一篇總論莎士比亞創作發展的文章。而卞之琳在一九五四年也同步開始了對莎士比亞戲劇的翻譯，並最終在一九八八年三月，譯著《莎士比亞悲劇四種》由人民出版社列入《外國文學名著叢書》出版。

卞之琳研究莎士比亞的作品，在一定程度上參考了西方——特別是蘇聯等國家這方面的研究專家的觀點和意見：

約略參考了蘇聯二十年代至四十年代和五十年代初期莎士比亞研究的成敗、得失和經驗、教訓，有鑒別吸取莫洛佐夫、前期的阿尼克斯特等人以及西方莎士比亞同時代人本·瓊孫，十八世紀歌德，十九世紀末萊德雷……等等的見解，進行自己的探索」。③但在對莎士比亞戲劇整體的處理上，嘗試把他納入馬克思主義批評架構中來。「卞之琳的莎士比亞戲劇評論，強調了它的現實主義特徵，——如何反映時代本質、展示社會現實——符合了馬克思、恩格斯的基本立場。他把莎士比亞的時代理解爲英國封建關係崩潰、資本主義關係建立起來的交替時代。工商業的興盛與民族文化的繁榮造成了文藝復興的輝煌景象；貴族資產階級化和資產階級貴族化，又造成了勞苦大衆受剝削的殘酷事實。一方面是宮廷和資產階級以及廣大人民之間發生的矛盾，一方面資產階級和廣大人民之間也展開了矛盾。莎士比亞戲劇中的人物就成爲這些矛盾的典型體現。」④

第二節　追憶緬懷

隨著撥亂反正的進行，在一九七八年初，卞之琳所在的中國科學院哲學社會科學部改爲中國社會科學院。在第二年的夏天，科學院成立了研究生院，按照規定，外文所的研究人員必須上課和帶研究生，卞之琳以六十八歲的高齡，雖然不必再上課，也還是被要求帶了兩名研究生。

在這年的秋、冬交替的時候，外文所召開了數次外國現、當代文學座談會，卞之琳在這些會議上都發了言。這些發言稿後來整理成文，以《分與合之間：關於西方現代文學和「現代主義」文學爲題》於一九七九年二月發表在《外國文學研究集刊》上。

在第二年的一月份，卞之琳就在文革中飽受批評的《布萊希特戲劇印象記》寫了前言，並在這一個月的中旬參加了在北京召開的詩歌創作座談會。

這一年的三月，是壯年早逝的聞一多八十周年的壽辰。與之有著深厚情誼的卞之琳寫成《完成與開端：紀念詩人聞一多八十生辰》，「……紀念他，從他完成的地方，進一步探討他未完成的事業亦即給我們做出的開端……」⑤

嚴格說來，卞之琳不是聞一多的學生，但在這篇紀念文章中，他卻言必稱「聞先生」。

第三節　古稀訪美

解放後，雖然卞之琳在國內的詩壇有一定的影響，但他的名字和作品對大多數人來說還是比較陌生的。但是在國外，卞之琳卻受到很多人的推崇，所以在一九八〇年到一九八三年這三年的時間內，卞之琳三次應邀出國參觀訪問。

第一次是在一九八〇年的九月二十一日，應美國哥倫比亞大學翻譯中心之約，在白英、於梨華等的親自邀請下，與馮亦代一起離開北京借道香港前往美國。在香港乘泛美客機前往美國飛經臺灣上空時候，飛機突然降低高度，機上的卞之琳和其餘的大陸乘客有機會對臺灣浮光掠影了一番。到美國後，卞、馮兩人在紐約分開，分別訪問了東岸至西岸的十餘座城市，受到很多旅美華人學者以及作家的熱情接待。他和馮亦代於十一月二十七日在紐約再次回合後，登機離開美國回國。在途徑香港的時候，又在香港大學中文系的熱情接待下，在那裏盤桓數日進行講學和座談，並於十二月六日回到國內。在第三年，平復了激動的心情之後，卞之琳寫成了《飛臨臺灣上空》。整首詩感情眞摯，愛國主義的拳拳之心一覽無餘：

心不能永遠變成兩半；
割掉又恢復，是我們的血肉！
我可爲什麼不能對這片
懷鄉的蒼翠伸手一摸？
……

感謝「泛美」駕駛員利索，
給我們一瞥和一個信心：
一滴壞水毒不了美國，
在我們島上也休想去尋，
自殺性基地，從那裏投擲
炸彈來擦傷它根底！從長看：
四海爲家總有此一日；
崎嶇的塵寰總歸於渾圓。⑥

同年七月，卞之琳到大連棒棰島療養一個月，在沒人打擾的環境中，他寫出了《訪美雜憶》六首。這幾首都是小詩，大多八行一篇，最長的也只有十六行，一律是嚴格的格律體，除其中一首用三頓外，其餘都用四頓一行，這個他以前認爲的一行以不超過四頓比較自然。

第二次是在一九八一年應邀前往荷蘭萊斯頓大學參加漢樂逸的博士學位頒授典禮。漢樂逸的博士論文題目是《卞之琳——中國現代詩研究》。在一九七九年秋天，漢樂逸曾來到中國拜訪卞之琳。對卞之琳能親自來參加自己的學位授予典禮，漢樂逸頗爲意外，激動不已。

第三次是在一九八二年的十二月十三日，與同事朱虹應邀以「觀察員」身份，列席在香港舉行的「東南亞高等學術機構協會」第十四屆大會及討論會。

卞之琳的最後歲月，過得平淡而有些沉悶。或許，他的一生，就是以這種方式自然展開的，如同他低吟淺唱的詩。

二〇〇〇年十二月二日，恰好是他的農曆年生辰，一代詩人、學者卞之琳終於走完了他九十年的人生旅程，平靜地離去了；而他的詩和文，以及他的純粹的品格，卻會被後人永遠銘記。

【註釋】

①茅盾《作家如何理解實踐是檢驗眞理的唯一標準》。

②巴金《要有藝術民主的局面》。

③卞之琳《關於我對莎士比亞悲劇「哈姆雷特」：無書有序》。

④張曼儀《卞之琳著譯研究》。

⑤卞之琳《完成與開端：紀念詩人聞一多八十生辰》。

⑥卞之琳《飛臨台灣上空》。